Marmelade
selbst gemacht

TEXT | FOTOS
CORNELIA SCHINHARL | JANA LIEBENSTEIN

004 SERVICE

1 PINT
2 CUPS

Körnige Einkochhelfer

1 | Haushaltszucker

Zucker ist das Konservierungsmittel Nr. 1 bei der Herstellung von Konfitüren und Gelees. Bei dieser Zubereitungsmethode werden Früchte bzw. Saft und Zucker etwa im Verhältnis 1:1 gemischt und so lange gekocht, bis sie zu gelieren beginnen. Das dauert meist rund 20 Min. Manche Früchte büßen durch diese lange Kochzeit etwas Geschmack ein. Für Früchte, die eine angenehmere Konsistenz bekommen, wenn sie länger kochen – etwa Heidelbeeren, ist diese Methode allerdings sehr gut geeignet.

2 | Gelierzucker

Dafür wird Zucker mit Pektinen und Zitronensäure gemischt. Pektine kommen in der Natur z. B. in Zitrusschalen, Äpfeln oder Möhren vor. In Verbindung mit Zitronensäure gelieren Früchte bzw. Saft besonders schnell. Nach dem Aufkochen brauchen Konfitüren und Gelees eine Kochzeit von 4 Min. Um den Zuckergehalt der Konfitüren und Gelees zu variieren, bietet der Handel mehrere Gelierzuckersorten an. Das auf der Packung angegebene Verhältnis (1:1, 2:1, 3:1) zeigt das Verhältnis von Frucht bzw. Saft zu Zucker in der fertigen Konfitüre an. Gelierzucker 2:1 wie auch die Variante 3:1 enthalten zusätzlich den Konservierungsstoff Sorbinsäure, um eine lange Haltbarkeit zu gewährleisten.

3 | Gelierzucker ohne Kochen

Mit diesem Zucker lassen sich rohe Konfitüren anrühren. Es gibt unterschiedliche Produkte, die einen unterschiedlichen Endzuckergehalt der Konfitüre ergeben. Alle werden aber einfach mit dem vorbereiteten Obst vermengt, bevor das Ganze mit dem Pürierstab 45 Sekunden püriert wird. Manche dieser roh zu verarbeitenden Gelierzucker enthalten zusätzlich den Säureregulator Kalziumzitrat und den Konservierungsstoff Kaliumsorbat (beides völlig unbedenkliche Zusatzstoffe). Dadurch bleiben die roh gerührten Konfitüren im Kühlschrank bis zu 8 Wochen haltbar.

4 | Gelierpulver aus Pektin

Im Naturkosthandel sowie in manchen Lebensmittelmärkten bekommt man Gelierpulver aus Apfelpektin. Diese wird unter die vorgekochten oder auch rohen Früchte oder unter den erhitzten Saft gemischt (je nach Anbieter) und muss je nach Packungsangabe 1–3 Min. mitkochen, bis es seine Gelierfähigkeit entfaltet. Der Vorteil dieser Pulver: Die Zuckermenge können Sie ganz nach Ihren Vorlieben wählen.

5 | Agar-Agar

Dieses pflanzliche Geliermittel wird aus Algen gewonnen. Sie bekommen das feine Pulver im Naturkosthandel. Agar-Agar muss kochen, um seine Bindekraft zu entfalten. Rühren Sie das Pulver mit etwas kalter Flüssigkeit an und mischen Sie es dann unter die erhitzten Früchte oder den heißen Saft. Das Ganze muss nun noch ca. 5 Min. leicht sprudelnd kochen. Richtig fest werden Konfitüren und Gelees mit Agar-Agar erst nach dem Abkühlen. Die Gelierprobe können Sie also nicht machen. Für 1/2 l Flüssigkeit oder 500 g zerkleinerte Früchte brauchen Sie ca. 1 gestrichenen TL Agar-Agar.

1

2

3

4

5

6

Von Gläsern, Töpfen & Co.

1 | Einkochtopf

Ganz wichtig: ein möglichst großer, ausreichend hoher Topf. Damit vermeiden Sie weitgehend, dass der kochende Inhalt herausspritzt. Achten Sie aber darauf, dass sein Durchmesser noch zu dem Ihrer Kochstelle passt. Einen weiteren Topf benötigen Sie zudem zum Sterilisieren der Gläser (mehr dazu auf S. 13).

2 | Schraubverschluss-Gläser

Twist-off-Gläser sind unerlässlich für die Aufbewahrung von Konfitüren und Gelees. Es müssen aber nicht unbedingt neue sein. Jegliche Schraubdeckel-Gläser – ganz gleich, was sie vorher enthalten haben, – sind geeignet. Voraussetzung ist, dass die Deckel noch intakt sind, also dicht schließen. Natürlich müssen Gläser und Deckel neutral riechen, daher sehr gründlich gespült werden. Gläser mit Glasdeckel und Dichtungsgummi eignen sich nicht für die längere Aufbewahrung von Konfitüren und Gelees. Sie werden erst bei langen Einkochzeiten dicht, wie sie nur beim Einwecken erreicht werden.

3 | Flotte Lotte und Entsafter

Mit der Flotten Lotte werden Früchte fein passiert; Kerne und Häute bleiben im Passiergerät zurück. Alternativ können Sie die Früchte mit einem Kochlöffel oder Teigschaber durch ein feines Sieb streichen. Wer Gelee mag, sollte sich einen Entsafter anschaffen. Gelegenheits-Geleekocher kommen bestimmt mit einem guten Kaltentsafter zurecht, mit dem auch unkompliziert eigene Frühstückssäfte hergestellt werden können. Werden regelmäßig größere Mengen Gelee zubereitet, arbeitet man am besten mit einem Dampfentsafter.

4 | Tee-Ei und Gewürzsäckchen

Wenn Sie in Ihrer Konfitüre ganze Gewürze wie z. B. Nelken mitkochen möchten, geben Sie diese am besten in ein kleines Tee-Ei oder in Gewürzsäckchen aus Stoff. So lassen sie sich nach dem Kochen leicht wieder entfernen.

5 | Tipps zum Einfüllen

Mithilfe eines Einfülltrichters können Sie die Gläser einfach und sauber befüllen. So bleibt nichts am Glasrand kleben, was zu schimmeln beginnen könnte. Wählen Sie einen großen Trichter mit weiter Auslassöffnung, damit auch Fruchtstücke oder gar ganze Früchte hindurchrutschen.

6 | Gläsertipps

Nach dem Öffnen halten sich Konfitüren nur wenige Wochen frisch, und sie verlieren mit der Zeit auch an Geschmack. Füllen Sie daher Ihre Konfitüre lieber in acht kleine als in vier große Gläser. Portionen, die sofort am nächsten Tag am Frühstückstisch geöffnet werden sollen, können Sie auch in nicht dicht schließende, dekorative kleine Gläschen abfüllen – etwa solche mit Glasdeckel und Gummi. Bewahren Sie angebrochene Gläser im Kühlschrank auf und verbrauchen Sie den Inhalt innerhalb weniger Wochen. Versehen Sie die Gläser nach dem Verschließen mit Etiketten, die beschriftet sind mit Inhalt und Einfülldatum.

1

2

Grundrezept Konfitüre

für alle Früchte geeignet *| Zubereitung: ca. 30 Min. | Ruhen: 2–6 Std.*
Haltbarkeit: ca. 1 Jahr | Bei 8 Gläsern pro Glas: ca. 290 kcal

Für ca. 1,5 kg Konfitüre

1 kg reife aromatische Früchte (geputzt gewogen)
500 g Gelierzucker 2 : 1 (oder 1 kg Gelierzucker 1 : 1 oder 300 g Gelierzucker 3 : 1)
2–3 EL Zitronensaft

Variante – mit Gelierpulver

Die Früchte mit so viel Zucker wie gewünscht mischen, mind. 2 Std. Saft ziehen lassen. Die Früchte aufkochen und offen bei schwacher Hitze weich kochen lassen. Gelierpulver und Zitronensaft unterrühren, das Ganze wieder zum Kochen bringen. Je nach Hersteller 1–3 Min. kochen lassen. (Bei manchen Gelierpulvern kommt laut Packungsanweisung jetzt erst der Zucker dazu.) Die Gelierprobe machen, die Konfitüre abschäumen und abfüllen.

1 Früchte gut waschen und abtropfen lassen oder abtrocknen. Die Früchte je nach Sorte ganz lassen (Himbeeren, Johannisbeeren, Brombeeren und kleine Erdbeeren) oder in Stücke schneiden. Die Früchte mit dem Zucker in einem großen, hohen Topf gut verrühren und 2–6 Std. zugedeckt ziehen lassen, bis sich Saft gebildet hat. Bei weichen Früchten wie Beeren geht das schneller als bei härteren wie z. B. Aprikosen. Zwischendurch immer wieder durchrühren.

2 Zitronensaft untermischen, die Früchte unter Rühren zum Kochen bringen, bei starker bis mittlerer Hitze offen 4 Min. leicht sprudelnd kochen lassen (**Bild 1**). Häufig umrühren.

3 Die Gelierprobe machen: 1 TL Konfitüre abnehmen und auf einen kleinen kühlschrankkalten Teller geben. Wird die Konfitüre nach ca. 1 Min. fest, ist sie ausreichend gekocht (**Bild 2**). Ist sie noch flüssig, die Kochzeit um 1–2 Min. verlängern und die Gelierprobe wiederholen.

4 Die Konfitüre abschäumen. Dazu den Schaum von der Oberfläche mit einem Löffel abheben (**Bild 3**). Die fertige Konfitüre sofort in 6–8 vorbereitete Gläser (Seite 7 und 13) füllen. Diese gleich verschließen.

Variante – klassisch französisch

Ganz ohne Geliermittel, nur mit Zucker, kocht man in Frankreich traditionell Konfitüre ein. Sie muss länger kochen und schmeckt süßer. Man kann die Früchte aber in größeren Stücken einkochen, die durch die längere Garzeit schön weich werden: **1 kg geputzt gewogene Früchte** mit ca. **1 kg Zucker** in einem Topf mischen, über Nacht ruhen und Saft ziehen lassen. Dann ca. **4 EL Zitronensaft** zugeben und alles unter Rühren zum Kochen bringen. Die Früchte offen ca. 20 Min. leicht sprudelnd kochen lassen, häufig umrühren. Die Gelierprobe machen, die Konfitüre abschäumen und abfüllen.

1

2

Grundrezept Gelee

aus aromatischem Saft *| Zubereitung: ca. 40 Min. | Ruhen: 24 Std.*
Haltbarkeit: ca. 1 Jahr | Bei 8 Gläsern pro Glas: ca. 305 kcal

Für ca. 1,5 kg Gelee

1 kg reife aromatische Früchte (geputzt gewogen)
500 g Gelierzucker 2 : 1 (oder 1 kg Gelierzucker 1 : 1 oder 300 g Gelierzucker 3 : 1)
2–3 EL Zitronensaft

1 Früchte gut waschen und abtropfen lassen oder abtrocknen. Die Früchte je nach Sorte ganz lassen (kleinere Beeren) oder in Stücke schneiden. Saftige Früchte wie Beeren, Zwetschgen, Pfirsiche und Trauben mit 1/4 l Wasser, eher festere Früchte wie Quitten und Äpfel mit 1/2 l Wasser in einem Topf mischen. Alles aufkochen und so lange kochen, bis sich reichlich Saft bildet (**Bild 1**).

2 Ein Sieb über eine Schüssel hängen. Ein sauberes Tuch unter fließendes kaltes Wasser halten, gut auswringen und das Sieb damit auskleiden. Die Früchte mit dem Saft in das Sieb gießen und den Saft über Nacht abtropfen lassen.

3 Das Tuch dann leicht zusammendrehen und noch etwas mehr Saft auspressen (**Bild 2**). Nicht zu stark pressen, sonst wird das Gelee trüb. Den Saft abmessen und ggf. mit Wasser auf 1 l auffüllen, dann in einem hohen Topf mit Zucker und Zitronensaft verrühren, zum Kochen bringen. Bei starker bis mittlerer Hitze offen 4 Min. leicht sprudelnd kochen lassen. Häufig umrühren.

4 Die Gelierprobe machen: 1 TL Gelee abnehmen und auf einen kleinen kühlschrankkalten Teller geben. Wird das Gelee nach ca. 1 Min. fest, ist es ausreichend gekocht. Ist es noch flüssig, die Kochzeit um 1–2 Min. verlängern und die Gelierprobe wiederholen.

5 Das Gelee eventuell abschäumen – in der Regel bildet sich viel weniger Schaum als auf Konfitüre. Den Schaum von der Oberfläche mit einem Löffel oder einer kleinen Schöpfkelle abheben und in ein Schälchen geben.

6 Das fertige Gelee sofort in 6–8 vorbereitete Gläser füllen (**Bild 3**). Diese gleich verschließen.

Clever zubereiten

Der **Zitronensaft** in den meisten Konfitüren und Gelees hebt nicht nur das Aroma der verwendeten Früchte, er trägt auch zum besseren Gelieren bei.

Orange
Erdbeere
3.9.12
HOME MADE
JAM
himbeere
2.10.12
Quittengelee
12.9.12

Tipps, Tricks und Pannenhilfe

1 | Konfitüre – Marmelade?

Laut »Konfitürenverordnung« dürfen im Handel als »Marmelade« nur die süßen Aufstriche aus Zitrusfrüchten bezeichnet werden. »Konfitüre« bzw. »Gelee« muss außerdem aus einer ganz bestimmten, gesetzlich festgelegten Frucht- und Zuckermenge hergestellt sein. Alles, was weniger Zucker enthält, muss im Handel »Fruchtaufstrich« heißen. Das beträfe dann auch unsere mit Gelierzucker 2:1 oder 3:1 selbst hergestellte Konfitüre.

2 | Oberstes Gebot: Sauberkeit

Sollen Konfitüren und Gelees lange haltbar bleiben, müssen Sie vor allem darauf achten, dass die Gläser zu 100 % sauber sind. Sterilisieren Sie daher Gläser bzw. Flaschen vor dem Befüllen. Dazu die Behältnisse und die losgedrehten Deckel für 5–10 Min. in leise kochendes Wasser legen, sie dann mit einer Zange oder dem Schaumlöffel aus dem Wasser heben und umgedreht auf einem sauberen Geschirrtuch abtropfen lassen. Befüllt werden die Gläser, wenn sie noch warm sind.

3 | Konfitüren-Mengenlehre

Die in den Rezepten angegebenen Mengen können Sie problemlos verdoppeln oder sogar verdreifachen. Das einzige, was Sie beachten müssen: Die größere Menge braucht länger, bis sie richtig kocht. Der Kochvorgang an sich bleibt bei etwa 4 Min., wenn Sie Gelierzucker verwenden. Für Konfitüren mit normalem Zucker kann sich die Garzeit etwas verlängern, da die größere Menge weniger stark einkocht. Dagegen dicken kleinere, beispielsweise halbe Rezeptmengen während der 4 Min. Kochzeit stärker ein. Sie können die Zuckermenge für halbe Rezeptmengen daher immer um etwa 10 % kürzen.

4 | Das Gelee ist trüb

Am guten Geschmack ändert das nichts, das Gelee sieht nur nicht so attraktiv aus. Der Grund für trübes Gelee ist fast immer, dass Früchte nach dem Abtropfen im (Passier-)Tuch zu stark ausgepresst wurden.

5 | Konfitüre wird nicht fest

Es kommt schon mal vor, dass Konfitüren und Gelees trotz erfolgreicher Gelierprobe nachher im Glas nicht fest werden. Das kann am niedrigen Pektingehalt der Früchte liegen, der ihre Gelierfähigkeit beeinträchtigt (s. auch S. 15). Oder die Früchte waren überreif und hatten dadurch zu wenig Säure. Sind Konfitüren oder Gelees auch am nächsten Tag noch eher flüssig im Glas, hilft nur eines: Alles wieder in den Topf füllen, etwas Gelierzucker oder aber 1 Päckchen Zitronensäure (aus dem Supermarkt) dazugeben und das Ganze nochmals kochen lassen.

6 | Konfitüren aufbewahren

Die frisch gekochten Konfitüren in den gut verschlossenen Gläsern stellen Sie nach dem Abkühlen am besten an einen kühlen, trockenen und eher dunklen Ort. Ideal ist ein ungeheizter Keller oder Vorratsraum. Auch gut: ein Küchenschrank möglichst weit weg von Herd und Heizung. Nach dem ersten Öffnen gehört die Konfitüre in jedem Fall in den Kühlschrank.

Wer hat das Zeug zum Gelieren?

Aus frischen, vollreifen Früchten zubereitet schmecken Konfitüren und Gelees unvergleichlich gut. Kaufen Sie daher die Früchte immer in den Monaten bzw. Wochen, in denen sie Saison haben. Sie sind dann in guter Qualität und außerdem auch zu einem angemessenen Preis im Handel. Besonders wichtig: Kaufen Sie ausgereifte, aber keinesfalls überreife Früchte. Vollreif haben sie ihr bestes Aroma und die bestmögliche Gelierfähigkeit.

Gut zu wissen: Es gibt von Natur aus gut gelierende und weniger gut gelierende Früchte. Die Gelierzuckermengen in den Rezepten dieses Buches sind auf mittelgut und eher schlecht gelierende Früchte abgestimmt. Für gut gelierende Früchte können Sie – wenn Sie Süße zugunsten von intensivem Fruchtaroma einsparen wollen – auch etwa 10 Prozent weniger Gelierzucker verwenden. Die Konfitüre wird dann immer noch fest genug.

Geliereigenschaften von Obstsorten

Fruchtart	gut	mittel	schlecht
Ananas			■
Äpfel	■		
Aprikosen		■	
Birnen			■
Brombeeren		■	
Cranberries	■		
Erdbeeren			■
Feigen	■		
Grapefruits	■		
Hagebutten	■		
Heidelbeeren		■	
Himbeeren		■	
Holunderbeeren			■
Johannisbeeren	■		
Kirschen			■
Kiwis			■
Mango			■
Melone			■
Nektarinen			■
Orangen	■		
Pfirsiche			■
Pflaumen	■		
Preiselbeeren	■		
Quitten	■		
Rhabarber	■		
Stachelbeeren	■		
Trauben			■
Zitronen	■		
Zwetschgen	■		

TOMATEN
KETCHUP
Orange
Quittengelee
12.9.12

Zum Verschenken schön

Ein Glas Konfitüre, Gelee oder Chutney aus der eigenen Küche ist eine kleine – und vor allem leckere! – Aufmerksamkeit, über die sich jeder freut.

Glas und Deckel Natürlich soll das Mitbringsel später nicht nur gut schmecken, sondern zunächst auch einfach hübsch aussehen. Also sollten die Gläser und Flaschen an sich schon etwas hermachen. In Haushaltwarengeschäften und in vielen Glasmärkten können Sie aus einem breiten Angebot wählen. Auch im Internet werden Sie sicher fündig. Geben Sie einfach »Gläser und Flaschen« in Ihre Suchmaschine ein.
Sammeln Sie außerdem am besten alle attraktiven leeren Schraubgläser und -flaschen, die in Ihrem Haushalt anfallen. Viele von ihnen haben eine besonders schöne Form. Sind die Deckel nicht mehr intakt oder haben den Geruch der Glasfüllung zu sehr angenommen, bekommen Sie in Haushaltwarengeschäften neue Deckel.
Ist der Deckel der gebrauchten Gläser noch intakt, aber nicht mehr ganz so ansehnlich, schneiden Sie aus einem hübschen Stoff ein reichlich überlappendes rundes Stück zu und binden es mit einem farblich passenden Schmuckband um den Glashals. Macht auch was her: Buntes Papier zuschneiden, über den Deckel stülpen und mit dicker Paketschnur oder rot-weißem Küchengarn umwickeln. Geht auch mit Butterbrotpapier, Zeitungspapier oder einem Bild aus einer Illustrierten.

Etikett Es sollte nett aussehen und die wichtigsten Infos enthalten: was im Glas ist, wann es eingefüllt wurde und eventuell wie lange es (ungefähr) haltbar ist. Bei unbekannteren Genüssen, etwa einem Chutney oder einer scharfen Salsa, freuen sich die Beschenkten bestimmt auch über einen Hinweis, wozu man sich die köstliche Sauce am besten schmecken lässt.
Selbstklebende Etiketten bekommen Sie in verschiedenen Größen, Farben und Formen im Schreibwarenladen oder im Papier-Fachgeschäft. Wem es liegt, der kann seine Etiketten auch am Computer selber gestalten, auf etwas dickerem Papier ausdrucken, ausschneiden und auf das Glas kleben.
Eine andere Idee: Schönes festes Papier etikettengroß zuschneiden, an einer Ecke lochen und ein hübsches Band hindurchziehen. Das beschriftete Etikett am Glashals befestigen.
Statt Etikett können Sie auch mit einem dicken Folienstift direkt auf das Glas schreiben. Testen Sie, welche Farbe sich am besten abhebt und gut lesbar ist – weiß z. B. macht sich oft gut. Alternativ können Sie auch den Glasboden mit den wichtigsten Infos beschriften.

Kleines Extra Hübsche kleine Löffel zum Portionieren der Konfitüren, ein besonders dekoratives Tee-Ei (und eventuell gleich noch ein feiner Frühstückstee dazu), ein selbst gebackenes Brot, ein besonderer Käse zur Salsa oder zur Olivenmarmelade – ein solches Extra macht das Geschenk noch mal so schön!
Den Löffel oder das Tee-Ei mit ans Glas binden, das Brot in eine hübsche Papiertüte packen und mit Geschenkband verzieren und den Käse in durchsichtige Folie hüllen und ebenfalls mit einem Band am Glas befestigen.

MARMELADEN UND KONFITÜREN

Die bunte Vielfalt aller Jahreszeiten wird hier ins Glas gefüllt: Von der schlichten und doch immer wieder so köstlichen Erdbeerkonfitüre über Sauerkirschkonfitüre mit Vanille und Zwetschgenmus bis zu Zitronen-Limetten-Marmelade und Ananaskonfitüre mit Ingwer. Da schmeckt das Frühstück doppelt gut!

Erdbeerkonfitüre

schmeckt nach Frühsommer

Zubereitung: ca. 30 Min. | Ruhen: mind. 2 Std. | Haltbarkeit: ca. 1 Jahr | Bei 8 Gläsern pro Glas: ca. 285 kcal

Für ca. 1,5 kg Konfitüre

1,1 kg Erdbeeren (geputzt gewogen ca. 1 kg)
500 g Gelierzucker 2 : 1 (oder 1 kg Gelierzucker 1 : 1 oder 300 g Gelierzucker 3 : 1)
1 Vanilleschote
4 EL Zitronensaft

1 Die Erdbeeren vorsichtig kalt abbrausen und abtropfen lassen. Die Kelchblätter mit einem Messer aus den Beeren schneiden. Die Erdbeeren klein würfeln.

2 Die Früchte mit dem Gelierzucker in einem großen hohen Topf verrühren und ca. 2 Std. zugedeckt Saft ziehen lassen, ab und zu umrühren.

3 Die Vanilleschote der Länge nach aufschlitzen, das Mark mit dem Messerrücken aus der Schote kratzen und mit dem Zitronensaft unter die Erdbeeren mischen. Die Früchte unter Rühren zum Kochen bringen und bei starker bis mittlerer Hitze offen 4 Min. leicht sprudelnd kochen. Dabei häufig umrühren.

4 Die Gelierprobe machen, siehe Seite 9, Step 3. Die Konfitüre abschäumen und sofort in 6–8 vorbereitete Gläser füllen. Diese gleich verschließen und ca. 5 Min. auf den Kopf stellen.

Clever genießen

Die Konfitüre schmeckt auf knusprigen **Brötchen** oder mit **Croissants** besonders gut. Richtig fein ist sie aber auch im **Naturjoghurt** oder als Füllung dünner **Pfannkuchen.**

Clever einkaufen

Erdbeeren sind empfindlich und verderben rasch. Die Sorten, die in den meisten Läden angeboten werden, sind so gezüchtet, dass sie etwas länger halten. Allerdings haben sie oft kein sehr ausgeprägtes Aroma. Geschmackvollere Sorten finden Sie häufig auf Erdbeerplantagen. Da man dort die Früchte selber erntet und gleich zum Verbrauchen mit nach Hause nimmt, müssen sie nicht ganz so robust sein.

Erdbeer-Rhabarber-Konfitüre

erfrischend säuerlich

Für ca. 1,5 kg Konfitüre je **500 g Erdbeeren und Rhabarber** (gewaschen und geputzt gewogen) trocken tupfen. Die Erdbeeren klein würfeln. Vom Rhabarber die Enden abschneiden, falls sich Fäden lösen, diese abziehen. Den Rhabarber in dünne Scheiben schneiden. Erdbeeren und Rhabarber mit **500 g Gelierzucker 2:1** (oder 1 kg Gelierzucker 1:1 oder 300 g Gelierzucker 3:1) in einem Topf mischen und ca. 2 Std. Saft ziehen lassen. **1 EL Zitronensaft** dazugeben und die Früchte zum Kochen bringen. Offen 4 Min. leicht sprudelnd kochen. Die Gelierprobe machen und die Konfitüre kochendheiß in vorbereitete Gläser füllen. Diese gleich verschließen und ca. 5 Min. auf den Kopf stellen.

Erdbeer-Minz-Konfitüre

kräuterfrisch und würzig

Für ca. 1,5 kg Konfitüre **1 kg Erdbeeren** (gewaschen und geputzt gewogen) in kleine Würfel schneiden. Mit **500 g Gelierzucker 2:1** (oder 1 kg Gelierzucker 1:1 oder 300 g Gelierzucker 3:1) in einem Topf mischen und ca. 2 Std. Saft ziehen lassen. **8 Zweige Minze** kalt abbrausen und trocken schütteln. Die Blättchen abzupfen und fein hacken. **1 EL Zitronensaft** zu den Früchten geben und alles zum Kochen bringen. Offen 4 Min. leicht sprudelnd kochen. Die gehackte Minze unter die Konfitüre rühren. Die Gelierprobe machen und die Konfitüre kochendheiß in vorbereitete Gläser füllen. Diese gleich verschließen und 5 Min. auf den Kopf stellen.

Erdbeer-Zitronen-Konfitüre

besonders aromatisch

Für ca. 1,5 kg Konfitüre **900 g Erdbeeren** (gewaschen und geputzt gewogen) klein würfeln. **2 Zitronen** so schälen, dass auch das Weiße entfernt wird. Das Fruchtfleisch zwischen den Trennhäuten herausschneiden, klein würfeln. Erdbeeren und Zitronenfruchtfleisch mit **500 g Gelierzucker 2:1** (oder 1 kg Gelierzucker 1:1 oder 300 g Gelierzucker 3:1) in einem Topf mischen und ca. 2 Std. Saft ziehen lassen. Dann das **Mark einer Vanilleschote** unter die Erdbeeren rühren. Die Früchte zum Kochen bringen. Offen 4 Min. leicht sprudelnd kochen. Die Gelierprobe machen und die Konfitüre kochendheiß in vorbereitete Gläser füllen. Diese gleich verschließen und 5 Min. auf den Kopf stellen.

Erdbeer-Rosenblüten-Konfitüre

exquisit und edel

Für ca. 1,5 kg Konfitüre **1 kg Erdbeeren** (gewaschen und geputzt gewogen) klein würfeln. Mit **500 g Gelierzucker 2:1** (oder 1 kg Gelierzucker 1:1 oder 300 g Gelierzucker 3:1) in einem Topf mischen und ca. 2 Std. Saft ziehen lassen. Dann **3–4 unbehandelte Duftrosenblüten** (z. B. vom Floristen des Vertrauens oder über das Internet erworben) vorsichtig kalt abbrausen und trocken schütteln. Die Blütenblätter abzupfen und mit **1 EL Zitronensaft** zu den Erdbeeren geben. Die Früchte zum Kochen bringen und offen 4 Min. leicht sprudelnd kochen. Die Gelierprobe machen und die Konfitüre kochendheiß in vorbereitete Gläser füllen. Diese gleich verschließen und 5 Min. auf den Kopf stellen.

Bratapfel-Brombeer-Konfitüre

besonders aromatisch

Zubereitung: ca. 1 Std. | Ruhen: mind. 2 Std. | Haltbarkeit: ca. 1 Jahr | Bei 8 Gläsern pro Glas: ca. 370 kcal

Für ca. 1,5 kg Konfitüre

4 säuerliche Äpfel (z. B. Boskoop, ca. 1,2 kg)
4 EL Zitronensaft
2 EL Calvados nach Belieben
1 EL Zucker
1 TL Zimtpulver
1 EL Butter
1/8 l Cidre oder Apfelsaft
500 g Brombeeren
500 g Gelierzucker 2 : 1 (oder 1 kg Gelierzucker 1 : 1 oder 300 g Gelierzucker 3 : 1)

Variante – Brombeerkonfitüre mit Karamell

Für ca. 1,5 kg Konfitüre: **100 g Zucker** in einem Topf goldgelb karamellisieren lassen. **1/8 l trockenen Weißwein oder Orangensaft** angießen und unter Rühren den Zucker auflösen. Abkühlen lassen. **1 kg Brombeeren** verlesen und kalt abspülen. Mit dem Karamell und **500 g Gelierzucker 2 : 1** in einem großen Topf verrühren, 2 Std. zugedeckt Saft ziehen lassen. **2 EL Zitronensaft** einrühren, alles aufkochen und offen 4 Min. leicht sprudelnd kochen. Häufig umrühren. Die Gelierprobe machen, die Konfitüre abschäumen und abfüllen wie rechts beschrieben.

1 Den Backofen auf 220° vorheizen. Die Äpfel waschen, abtrocknen und quer halbieren. Das Kerngehäuse mit einem Apfelausstecher jeweils herausstechen. Die Äpfel mit den Schnittflächen nach oben nebeneinander in eine ofenfeste Form setzen.

2 2 EL Zitronensaft und nach Belieben den Calvados darüberträufeln. Den Zucker mit dem Zimt mischen und aufstreuen. Die Butter in Flöckchen schneiden und auf die Äpfel setzen. Den Cidre oder Apfelsaft seitlich angießen.

3 Die Äpfel im heißen Ofen (Mitte, Umluft 200°) ca. 30 Min. backen, bis das Fruchtfleisch schön weich ist. Die Äpfel etwas abkühlen lassen, dann das Fruchtfleisch mit einem Löffel aus den Schalen lösen und abwiegen – es sollen ca. 600 g sein. Dann fein zerdrücken.

4 Die Brombeeren verlesen, waschen und abtropfen lassen. Mit dem Apfelfruchtfleisch, eventuell dem Saft aus der Form und dem Gelierzucker in einem großen hohen Topf verrühren und ca. 2 Std. zugedeckt Saft ziehen lassen, ab und zu umrühren.

5 Den übrigen Zitronensaft untermischen, die Früchte unter Rühren zum Kochen bringen, bei starker bis mittlerer Hitze offen 4 Min. leicht sprudelnd kochen. Häufig umrühren.

6 Die Gelierprobe machen, siehe Seite 9, Step 3. Die Konfitüre abschäumen und sofort in 6–8 vorbereitete Gläser füllen. Diese gleich verschließen und ca. 5 Min. auf den Kopf stellen.

Stachelbeer-Himbeer-Konfitüre

kräftige Beeren mit Grapefruit-Säure | *Zubereitung: ca. 25 Min.* | *Ruhen: mind. 2 Std.* | *Haltbarkeit: ca. 1 Jahr* | *Bei 8 Gläsern pro Glas: ca. 360 kcal*

Für ca. 1,5 kg Konfitüre

500 g Himbeeren
400 g Stachelbeeren
500 g Gelierzucker 2 : 1 (oder 1 kg Gelierzucker 1 : 1 oder 300 g Gelierzucker 3 : 1)
4 EL Himbeergeist nach Belieben
1 rosa Grapefruit (ausgepresst ca. 100 ml Saft)
1 EL Zitronensaft

1 Himbeeren verlesen. Stachelbeeren waschen und trocken tupfen, Stiele und Blütenansätze abknipsen. Die Stachelbeeren würfeln.

2 Alle Beeren mit dem Gelierzucker und nach Belieben dem Schnaps in einem großen hohen Topf verrühren, ca. 2 Std. zugedeckt Saft ziehen lassen, ab und zu umrühren.

3 Dann die Grapefruit halbieren und den Saft auspressen. Mit dem Zitronensaft zu den Beeren geben, die Früchte unter Rühren zum Kochen bringen und bei starker bis mittlerer Hitze offen 4 Min. leicht sprudelnd kochen. Häufig umrühren.

4 Die Gelierprobe machen, siehe Seite 9, Step 3. Die Konfitüre abschäumen und in 6–8 vorbereitete Gläser füllen. Diese verschließen, ca. 5 Min. auf den Kopf stellen.

Heidelbeerkonfitüre mit Thymian

attraktiv in Farbe und Aroma | *Zubereitung: ca. 30 Min.* | *Ruhen: mind. 4 Std.* | *Haltbarkeit: ca. 1 Jahr* | *Bei 8 Gläsern pro Glas: ca. 490 kcal*

Für ca. 1,4 kg Konfitüre

1 kg Heidelbeeren | 900 g Zucker
3 EL Zitronensaft | 10 Zweige Thymian

1 Die Heidelbeeren verlesen: alle Blätter, Stielreste und welke Beeren entfernen. Heidelbeeren vorsichtig kalt abbrausen und gut abtropfen lassen.

2 Die Früchte mit dem Zucker in einem großen hohen Topf verrühren und ca. 4 Std. zugedeckt Saft ziehen lassen, dabei immer mal wieder umrühren.

3 Dann den Zitronensaft untermischen, die Früchte unter Rühren zum Kochen bringen und offen bei schwacher bis mittlerer Hitze ca. 15 Min. kochen, bis die Beeren zerfallen sind und die Mischung dickflüssig ist. Dabei häufig umrühren.

4 Inzwischen den Thymian kalt abbrausen und trocken schütteln. Die Blättchen abstreifen und unter die Konfitüre rühren. Nochmals aufkochen.

5 Die Gelierprobe machen, siehe Seite 9, Step 3. Die Konfitüre abschäumen und in 6–8 vorbereitete Gläser füllen. Diese verschließen, ca. 5 Min. auf den Kopf stellen.

rechts: Stachelbeer-Himbeer-Konfitüre | links: Heidelbeerkonfitüre mit Thymian

Himbeerkonfitüre mit Kakao

herrlich aromatisch

Für ca. 500 g Konfitüre **300 g TK-Himbeeren** gefroren mit **150 g Gelierzucker 2:1** (oder 300 g Gelierzucker 1:1 oder 100 g Gelierzucker 3:1) sowie **2 EL Zitronensaft** und nach Belieben **2 EL Grappa** in einem Topf mischen und bei schwacher Hitze unter gelegentlichem Rühren auftauen. Dann zum Kochen bringen und bei starker bis mittlerer Hitze offen 4 Min. leicht sprudelnd kochen. Häufig umrühren. Die Gelierprobe machen. **1/2 EL Kakaopulver** unter die Konfitüre rühren und diese sofort durch einen Trichter in die vorbereiteten Gläser füllen. Die Gläser verschließen und ca. 5 Min. auf den Kopf stellen.

Beerenkonfitüre mit Marzipan

weihnachtlich und fein

Für ca. 500 g Konfitüre **300 g gemischte TK-Beeren** gefroren mit **150 g Gelierzucker 2:1** (oder 300 g Gelierzucker 1:1 oder 100 g Gelierzucker 3:1) sowie **4 EL Orangensaft** und nach Belieben **2 EL Orangenlikör** in einem Topf mischen und bei schwacher Hitze unter gelegentlichem Rühren auftauen. Dann zum Kochen bringen und bei starker bis mittlerer Hitze offen 4 Min. leicht sprudelnd kochen. Häufig umrühren. Die Gelierprobe machen. **50 g Marzipan-Rohmasse** in kleine Würfel schneiden und unter die Konfitüre rühren. Diese sofort durch einen Trichter in die vorbereiteten Gläser füllen. Die Gläser verschließen und ca. 5 Min. auf den Kopf stellen.

Erdbeerkonfitüre mit Sekt

Schnelles für festliche Stunden

Für ca. 750 g Konfitüre **300 g TK-Erdbeeren** gefroren mit **200 ml trockenem Sekt** in einem Topf mischen und bei schwacher Hitze unter gelegentlichem Rühren auftauen. Dann **250 g Gelierzucker 2:1** (oder 500 g Gelierzucker 1:1 oder 160 g Gelierzucker 3:1) sowie **2 EL Zitronensaft** untermischen. Alles zum Kochen bringen und bei starker bis mittlerer Hitze offen 4 Min. leicht sprudelnd kochen. Häufig umrühren. Die Gelierprobe machen. Die Konfitüre sofort durch einen Trichter in die vorbereiteten Gläser füllen. Die Gläser verschließen und ca. 5 Min. auf den Kopf stellen.

Brombeerkonfitüre mit Amaretti

Winter-Beerenfreude

Für ca. 500 g Konfitüre **300 g TK-Brombeeren** gefroren mit der abgeriebenen Schale und dem Saft von **1 Bio-Orange** in einem Topf bei schwacher Hitze auftauen. Dann mit **150 g Gelierzucker 2:1** (oder 300 g Gelierzucker 1:1 oder 100 g Gelierzucker 3:1) mischen, zum Kochen bringen und bei starker bis mittlerer Hitze offen 4 Min. leicht sprudelnd kochen. Häufig umrühren. Inzwischen **50 g Amarettini** in einem Gefrierbeutel mit dem Nudelholz mittelgrob zerstoßen. Die Gelierprobe machen. Amarettini unter die Konfitüre rühren. Diese sofort in die vorbereiteten Gläser füllen. Die Gläser verschließen und ca. 5 Min. auf den Kopf stellen.

Roh gerührte Beerenkonfitüre

***besonders fruchtig** | Zubereitung: ca. 20 Min. | Haltbarkeit: ca. 2 Wochen | Pro Glas: ca. 295 kcal*

Für ca. 400 g Konfitüre

300 g Stachelbeeren, Brombeeren oder schwarze Johannisbeeren (geputzt gewogen ca. 250 g)
250 g Gelierzucker 1:1
1 EL Zitronensaft

1 Die Beeren in einem Sieb vorsichtig kalt abbrausen und gut abtropfen lassen. Von den Stachelbeeren die Stiele abknipsen, Johannisbeeren von den Stielen streifen. Die Beeren mit dem Gelierzucker mischen und mit einer Gabel leicht zerdrücken.

2 Dann die Beeren mit dem Zitronensaft verrühren, in den Mixer oder in die Küchenmaschine geben und ca. 15 Min. kräftig durchmixen, bis die Masse dickflüssig wird.

3 Die Konfitüre in 1–2 saubere Schraubgläser füllen und diese verschließen. Im Kühlschrank aufbewahren.

Variante mit Johannisbrotkernmehl

Johannisbrotkernmehl (gibt's im Naturkosthandel) ist fünfmal so quellfähig wie Stärke. Es wird aus den Kernen der Früchte des Johannisbrotbaums hergestellt und entfaltet seine Wirkung auch in kalten Flüssigkeiten. Somit ist es ideal geeignet für die Herstellung von kalt gerührten Aufstrichen, wie z. B. für diese Variante: **250 g verlesene Himbeeren** mit **100 g Puderzucker** und **1/2 TL Johannisbrotkernmehl** gründlich mischen und zerdrücken. Mit **2 TL Zitronensaft** mit dem Pürierstab oder im Blitzhacker durchmixen, bis eine glatte cremige Masse entstanden ist. Hält sich im Kühlschrank im verschlossenen Glas ca. 1 Woche.

Variante mit Gelierzucker

Ganz schnell gerührt ist die Marmelade, wenn sie mit »Gelierzucker ohne Kochen« angerührt wird. Einfach **250 g verlesene Beeren** (geputzt gewogen) mit **125 g Gelierzucker ohne Kochen** vermengen und mit dem Pürierstab 45 Sek. pürieren. Hält sich im Kühlschrank im verschlossenen Glas bis zu 8 Wochen.

Clever servieren

Roh gerührte Konfitüren werden nie so fest wie gekochte. Sie sind daher ideal, um sie auch mal anders als auf Brot zu genießen. Besonders fein schmecken sie mit **Naturjoghurt.**

Sauerkirschkonfitüre mit Vanille

wunderbar aromatisch | *Zubereitung: ca. 35 Min.*
Ruhen: mind. 6 Std. | *Haltbarkeit: ca. 1 Jahr*
Bei 8 Gläsern pro Glas: ca. 310 kcal

Für ca. 1,5 kg Konfitüre

1,2 kg Sauerkirschen (geputzt gewogen ca. 1 kg)
500 g Gelierzucker 2 : 1 (oder 1 kg Gelierzucker 1 : 1 oder 300 g Gelierzucker 3 : 1)
2 Vanilleschoten
1 EL Zitronensaft

1 Kirschen waschen, trocken tupfen, entstielen und entsteinen (am besten mit einem Kirschentsteiner). Die Früchte grob hacken, mit dem Gelierzucker in einem großen hohen Topf verrühren und ca. 6 Std. zugedeckt Saft ziehen lassen, ab und zu umrühren.

2 Dann die Vanilleschoten der Länge nach aufschneiden und das Mark mit dem Messerrücken herauskratzen. Die Vanille und den Zitronensaft zu den Kirschen geben, die Früchte unter Rühren zum Kochen bringen und bei starker bis mittlerer Hitze offen 4 Min. leicht sprudelnd kochen. Die Mischung dabei häufig umrühren.

3 Die Gelierprobe machen, siehe Seite 9, Step 3. Die Sauerkirschkonfitüre abschäumen und in 6–8 vorbereitete Gläser füllen. Diese gleich verschließen und ca. 5 Min. auf den Kopf stellen.

Kirschkonfitüre mit Schokostückchen

süße Belohnung | *Zubereitung: ca. 35 Min.*
Ruhen: mind. 6 Std. | *Haltbarkeit: ca. 1 Jahr*
Bei 8 Gläsern pro Glas: ca. 390 kcal

Für ca. 1,5 kg Konfitüre

1 kg Kirschen (geputzt gewogen ca. 900 g)
100 ml trockener Rotwein
500 g Gelierzucker 2 : 1 (oder 1 kg Gelierzucker 1 : 1 oder 300 g Gelierzucker 3 : 1)
2 EL Zitronensaft | 2 EL Kirschwasser (nach Belieben) | 100 g Zartbitter-Schokolade

1 Kirschen waschen, trocken tupfen, entstielen und entsteinen. Das geht am besten mit einem Kirschentsteiner. Die Früchte mit einem großen schweren Messer fein hacken und mit dem Rotwein und dem Gelierzucker in einem großen hohen Topf verrühren und ca. 6 Std. zugedeckt Saft ziehen lassen, ab und zu umrühren.

2 Dann den Zitronensaft und das Kirschwasser zu den Kirschen geben, die Früchte unter Rühren zum Kochen bringen und bei starker bis mittlerer Hitze offen 4 Min. leicht sprudelnd kochen. Häufig umrühren.

3 Inzwischen die Schokolade klein würfeln. Die Gelierprobe machen, siehe Seite 9, Step 3. Die Konfitüre abschäumen und die Schokolade untermischen. Konfitüre in 6–8 vorbereitete Gläser füllen. Diese verschließen, ca. 5 Min. auf den Kopf stellen.

echts: Kirschkonfitüre mit Schokostückchen | links: Sauerkirschkonfitüre mit Vanille

Aprikosenkonfitüre mit Lavendel

***richtig hochsommerlich** | Zubereitung: ca. 35 Min.*
Ruhen: mind. 4 Std. | Haltbarkeit: ca. 1 Jahr
Bei 8 Gläsern pro Glas: ca. 315 kcal

Für ca. 1,5 kg Konfitüre

100 g getrocknete Aprikosen | 2 Bio-Zitronen
1 kg Aprikosen (geputzt gewogen ca. 950 g)
2 EL Mirabellengeist nach Belieben
500 g Gelierzucker 2 : 1 (oder 1 kg Gelierzucker 1 : 1 oder 300 g Gelierzucker 3 : 1)
8 Lavendelblütendolden (selbst gepflückt; alternativ Blättchen von 2 Zweigen Thymian)

1 Die getrockneten Aprikosen klein würfeln. 1 Zitrone waschen und abtrocknen, die Schale fein abreiben. Beide Zitronen auspressen. Die frischen Aprikosen waschen, entsteinen und in feine Streifen schneiden. Alle vorbereiteten Zutaten und ggf. den Schnaps mit dem Zucker in einem großen hohen Topf verrühren, ca. 4 Std. zugedeckt Saft ziehen lassen, ab und zu umrühren.

2 Dann den Lavendel kalt abbrausen. Die Blüten abzupfen, in den Topf geben. Alles unter Rühren zum Kochen bringen und offen 4 Min. leicht sprudelnd kochen. Dabei häufig umrühren. Die Gelierprobe machen, siehe Seite 9, Step 3.

3 Die Konfitüre abschäumen und in 6–8 vorbereitete Gläser füllen. Diese verschließen und ca. 5 Min. auf den Kopf stellen.

Pfirsichkonfitüre mit Süßwein

***Feines zum Verschenken** | Zubereitung: ca. 30 Min.*
Ruhen: mind. 2 Std. | Haltbarkeit: ca. 1 Jahr
Bei 8 Gläsern pro Glas: ca. 315 kcal

Für ca. 1,5 kg Konfitüre

1 kg reife Pfirsiche (geputzt gewogen ca. 900 g)
500 g Gelierzucker 2 : 1 (oder 1 kg Gelierzucker 1 : 1 oder 300 g Gelierzucker 3 : 1)
1 Bio-Zitrone | 1 Zweig Rosmarin
1/4 l Süßwein (z. B. Riesling-Eiswein oder Riesling-Beerenauslese)

1 Die Pfirsiche mit kochendem Wasser überbrühen, kurz ziehen lassen und häuten, dann entsteinen und klein würfeln. Die Stücke mit dem Zucker in einem großen hohen Topf verrühren, ca. 2 Std. zugedeckt Saft ziehen lassen, ab und zu umrühren.

2 Die Zitrone waschen, die Schale fein abreiben. Den Rosmarin waschen, die Nadeln abzupfen und fein hacken. Mit dem Süßwein und der Zitronenschale unter die Pfirsiche rühren. Die Mischung unter Rühren zum Kochen bringen und bei starker bis mittlerer Hitze offen 4 Min. leicht sprudelnd kochen. Häufig umrühren. Die Gelierprobe machen, siehe Seite 9, Step 3.

3 Die fertig gekochte Pfirsichkonfitüre abschäumen und in 6–8 vorbereitete Gläser füllen. Diese verschließen und ca. 5 Min. auf den Kopf stellen.

links: Aprikosenkonfitüre mit Lavendel | rechts: Pfirsichkonfitüre mit Süßwein

Zwetschgenmus

sehr fruchtig | *Zubereitung: ca. 3 Std.* | *Haltbarkeit: ca. 6 Monate* | *Bei 8 Gläsern pro Glas: ca. 260 kcal*

Für ca. 1,5 kg Konfitüre

2 kg reife Zwetschgen (geputzt gewogen ca. 1,8 kg)
1 Zimtstange
1 Gewürznelke
2 Wacholderbeeren
4 schwarze Pfefferkörner
300 g brauner Zucker

Außerdem:

Tee-Ei (oder Gewürzsäckchen)

1 Die Zwetschgen waschen, abtrocknen, halbieren und entsteinen. Die Zwetschgen in einen ausreichend großen hohen Topf füllen. Die Zimtstange in Stücke brechen, die Nelke mit einem Messer leicht andrücken. Zimt, Nelke, Wacholder und Pfeffer in ein Tee-Ei füllen und mit dem Zucker zu den Zwetschgen geben.

2 Die Zwetschgen-Zucker-Mischung erhitzen und zugedeckt bei schwacher Hitze ca. 2 Std. garen, bis sie sehr weich sind. Die Früchte zwischendurch immer wieder durchrühren, damit sie nicht anbrennen.

3 Dann das Tee-Ei entfernen. Die Zwetschgen durch ein Sieb streichen, um die Schalenreste zu entfernen. Das Püree wieder in den Topf geben und offen bei schwacher bis mittlerer Hitze unter Rühren nochmals ca. 30 Min. garen, bis es musig ist.

4 Das kochendheiße Zwetschgenmus in 6–8 vorbereitete Gläser füllen. Diese sofort verschließen und ca. 5 Min. auf den Kopf stellen.

Clever aromatisieren

Geben Sie dem Mus mit **Zwetschgenwasser** eine geistige Note: Dafür 4 EL Zwetschgenwasser 5 Min. vor Kochzeitende unter das Mus mischen.

Clever variieren

Sehr gut gelingt das Mus auch mit **TK-Zwetschgen** (im Herbst selbst eingefroren). Da diese allerdings mehr Flüssigkeit enthalten, müssen sie ca. 30 Min. länger einkochen.
Versuchen Sie auch einmal diese Variante: Je zur Hälfte **Zwetschgen und saftige Birnen** nehmen. Die Zwetschgen halbieren, die Birnen schälen, putzen und in Würfel schneiden. Das Mus wie oben beschrieben kochen.

Holunder-Zwetschgen-Konfitüre

Herbstaromen pur

Zubereitung: ca. 1 Std. | Haltbarkeit: ca. 1 Jahr

Bei 6 Gläsern pro Glas: ca. 425 kcal

Für ca. 1 kg Konfitüre

700 g Zwetschgen (geputzt gewogen ca. 650 g)
500 g Gelierzucker 2 : 1 (oder 1 kg Gelierzucker 1 : 1 oder 300 g Gelierzucker 3 : 1)
2 EL Zitronensaft
500 g reife Holunderbeeren (an den Rispen)

1 Zwetschgen waschen, entsteinen und klein würfeln. Mit Gelierzucker und Zitronensaft in einem großen hohen Topf verrühren und Saft ziehen lassen. Inzwischen die Holunderbeeren waschen und mit 1/8 l Wasser in einem Topf aufkochen, ca. 5 Min. kochen.

2 Ein Sieb mit einem angefeuchteten sauberen Küchentuch auskleiden und über eine Schüssel hängen. Beeren hineingießen, abtropfen und abkühlen lassen. Das Tuch zusammendrehen und den übrigen Saft sehr gut auspressen (sollen ca. 350 ml sein).

3 Den Holundersaft zu den Zwetschgen geben und alles unter Rühren aufkochen, offen 4 Min. leicht sprudelnd kochen. Häufig umrühren. Dann die Gelierprobe machen, siehe Seite 9, Step 3.

4 Die Konfitüre abschäumen und in 5–6 vorbereitete Gläser füllen. Diese verschließen und ca. 5 Min. auf den Kopf stellen.

Zwetschgenkonfitüre mit Walnüssen

mit Karamellaroma *| Zubereitung: ca. 40 Min.*

Ruhen: mind. 2 Std. | Haltbarkeit: ca. 1 Jahr

Bei 8 Gläsern pro Glas: ca. 410 kcal

Für ca. 1,5 kg Konfitüre

1 kg Zwetschgen (geputzt gewogen ca. 950 g)
500 g Gelierzucker 2 : 1 (oder 1 kg Gelierzucker 1 : 1 oder 300 g Gelierzucker 3 : 1)
100 g Walnusskerne | 50 g Zucker
2 EL Zitronensaft | Zimtpulver

1 Zwetschgen waschen, entsteinen und klein würfeln. Die Früchte mit dem Gelierzucker in einem großen hohen Topf verrühren, ca. 2 Std. zugedeckt Saft ziehen lassen.

2 Die Walnusskerne in kleine Stücke brechen. Den Zucker in einer kleinen Pfanne bei mittlerer Hitze hellgelb karamellisieren lassen. Die Nüsse zugeben, 1–2 Min. im Zucker wenden. Auf einem Teller abkühlen lassen.

3 Inzwischen den Zitronensaft und 1 Prise Zimt unter die Zwetschgen mischen, alles unter Rühren zum Kochen bringen und bei starker bis mittlerer Hitze offen 4 Min. leicht sprudelnd kochen. Häufig umrühren.

4 Die Gelierprobe machen, siehe Seite 9, Step 3. Die Zwetschgenkonfitüre abschäumen und die karamellisierten Nüsse untermischen. Die Konfitüre in 6–8 vorbereitete Gläser füllen. Diese verschließen und ca. 5 Min. auf den Kopf stellen.

rechts: Holunder-Zwetschgen-Konfitüre | links: Zwetschgenkonfitüre mit Walnüssen

1

2

3

Traubenkonfitüre

ganz ohne Zucker gemacht

Zubereitung: ca. 2 Std. 45 Min | Haltbarkeit: ca. 6 Monate | Bei 6 Gläsern pro Glas: ca. 345 kcal

Für ca. 1 kg Konfitüre

- 2 kg aromatische blaue Weintrauben
- je 500 g Birnen und Äpfel
- 500 g frische Feigen
- 1/2 Zimtstange
- 4 Gewürznelken

Außerdem:

- Tee-Ei (oder Gewürzsäckchen)

1 Die Trauben waschen, trocken tupfen, von den Stielen zupfen und in der Küchenmaschine oder im Mixer zerkleinern (**Bild 1**). Die Mischung durch ein feines Sieb passieren (**Bild 2**). Den so entstandenen Most in einem Topf bei mittlerer Hitze offen in ca. 20 Min. auf etwa die Hälfte einkochen, gelegentlich umrühren.

2 Inzwischen Äpfel und Birnen waschen, abtrocknen, vierteln und vom Kerngehäuse befreien. Die Viertel nach Belieben schälen und in Schnitze schneiden. Die Feigen waschen, trocken tupfen, vom Stiel befreien und klein würfeln.

3 Die Zimtstange in Stücke brechen und mit den Nelken in das Tee-Ei füllen. Das Tee-Ei mit den Früchten in den Most geben (**Bild 3**). Diese Mischung bei schwacher bis mittlerer Hitze offen ca. 2 Std. kochen, bis die Masse dickflüssig ist und die Früchte schön weich gekocht sind. Dabei immer wieder umrühren.

4 Das Tee-Ei entfernen. Die Konfitüre in 5–6 vorbereitete Gläser füllen. Diese gleich verschließen und ca. 5 Min. auf den Kopf stellen.

Clever variieren

Schneller geht es mit **fertig gekauftem Traubensaft** aus dem Naturkostladen, der möglichst ohne Zucker zubereitet sein sollte. Auch gut und noch aromatischer: trockenen **Rosé oder Rotwein** statt Traubensaft nehmen.

Clever servieren

Diese wunderbar fruchtige Konfitüre kommt aus dem Piemont und wird dort traditionell im Herbst aus dem frisch gepressten Most zubereitet. Sie ist ein besonderer Genuss zu **Käse,** vor allem zu weichem Robiola, aber auch zu Gorgonzola. Ebenfalls fein: auf frischem **Baguette** oder aber als Beilage zu würzigem **Fleisch** wie Lamm oder Wild.

Quittenkonfitüre

Herbstklassiker mit ganz viel Aroma

Zubereitung: ca. 1 Std. 30 Min | Ruhen: mind. 2 Std. | Haltbarkeit: ca. 1 Jahr | Bei 8 Gläsern pro Glas: ca. 340 kcal

Für ca. 1, 5 kg Konfitüre

2 kg Quitten
1 Zimtstange
2 Gewürznelken
1 Bio-Zitrone
500 g Gelierzucker 2 : 1 (oder 1 kg Gelierzucker 1 : 1 oder 300 g Gelierzucker 3 : 1)

Außerdem:

Tee-Ei (oder Gewürzsäckchen)

1 Von der Hälfte der Quitten mit einem Tuch den Flaum abreiben. Die Früchte mit einem großen schweren Messer grob zerschneiden, mit 1/2 l Wasser in einem Topf aufkochen. Zugedeckt bei schwacher Hitze ca. 30 Min. kochen.

2 Ein Sieb mit einem angefeuchteten sauberen Küchentuch auskleiden und über eine Schüssel hängen. Die Quitten hineingießen, abtropfen und abkühlen lassen. Dann das Tuch zusammendrehen und den Saft komplett auspressen.

3 Die übrigen Quitten abreiben, vierteln und schälen. Die Viertel auf das Brett legen, das Kerngehäuse von beiden Seiten jeweils bis zur Mitte abschneiden und abheben. Das Quittenfleisch fein würfeln. Die Zimtstange in Stücke brechen und mit den Gewürznelken in ein Tee-Ei füllen.

4 Quitten mit dem Quittensaft abwiegen. Sie sollen ca. 1,1 kg wiegen. Ggf. noch etwas Wasser zufügen. Die Mischung mit den Gewürzen in einem großen hohen Topf verrühren und zum Kochen bringen. Die Früchte zugedeckt bei schwacher Hitze in ca. 30 Min. weich garen. Dann mit dem Kartoffelstampfer musig zerdrücken. Die Zitrone heiß waschen und abtrocknen, die Schale fein abreiben. Den Saft auspressen.

5 Das Tee-Ei aus dem Topf nehmen. Den Gelierzucker, den Zitronensaft und die Schale unter das Quittenmus mischen, die Früchte unter Rühren zum Kochen bringen und bei starker bis mittlerer Hitze offen 4 Min. leicht sprudelnd kochen. Häufig umrühren.

6 Die Gelierprobe machen, siehe Seite 9, Step 3. Die Quittenkonfitüre abschäumen und in 6–8 vorbereitete Gläser füllen. Diese gleich verschließen und ca. 5 Min. auf den Kopf stellen.

Clever servieren

Die aromatische Konfitüre schmeckt nicht nur auf Brot, sie ist auch zu **Käse** sehr gut. Am besten schmeckt sie zu sehr würzigen Sorten wie etwa Blauschimmelkäse. Auch zu **gekochtem Fleisch** ist sie eine feine Beilage. Dann eventuell mit 1–2 EL Orangensaft cremig rühren und mit 1–2 TL scharfem Senf würzig abwandeln.

1
2
3

Orangenmarmelade

mit feiner Bitternote

Zubereitung: ca. 35 Min. | Ruhen: mind. 2 Std. | Haltbarkeit: ca. 1 Jahr | Bei 8 Gläsern pro Glas: ca. 300 kcal

Für ca. 1,5 kg Konfitüre

- 1 Bio-Zitrone
- 1,5 kg Bio-Orangen (geputzt gewogen 1 kg)
- 500 g Gelierzucker 2:1 (oder 1 kg Gelierzucker 1:1 oder 300 g Gelierzucker 3:1)
- nach Belieben 50 ml Orangenlikör

1 Die Zitrone und 1 Orange heiß waschen und abtrocknen, die Hälfte der Zitronenschale und die gesamte Schale der Orange dünn abschälen und in feine Streifen schneiden (**Bild 1**). Die Orange und die Zitrone auspressen.

2 Dann von den übrigen Orangen die Schalen so abschneiden, dass auch die weiße Haut mit entfernt wird (**Bild 2**). Das Fruchtfleisch aus den Trennwänden schneiden (**Bild 3**) und klein würfeln, dabei alle Kerne entfernen.

3 Das Fruchtfleisch, die Schalen und den Saft mit dem Zucker in einem großen hohen Topf mischen und ca. 2 Std. Saft ziehen lassen, ab und zu umrühren.

4 Dann nach Belieben den Orangenlikör untermischen. Die Früchte unter Rühren zum Kochen bringen und bei starker bis mittlerer Hitze offen 4 Min. leicht sprudelnd kochen. Häufig umrühren.

5 Die Gelierprobe machen, siehe Seite 9, Step 3. Die Konfitüre abschäumen und in 6–8 vorbereitete Gläser füllen. Diese gleich verschließen und ca. 5 Min. auf den Kopf stellen.

Clever tauschen

Statt Orangenlikör schmeckt auch **Campari oder Aperol** in der Marmelade. Sie geben der Marmelade einen noch kräftigeren Bitterton. Wer diesen aber gar nicht mag, bereitet die Marmelade ganz ohne Schale zu. Sie ist es nämlich, die für das Bittere in der Marmelade verantwortlich zeichnet.

Clever servieren

Die Marmelade schmeckt nicht nur auf Brot, sie eignet sich auch gut **zum Abschmecken** pikanter Gerichte. Sehr fein ist sie in der Sauce von geschmortem Geflügel wie Huhn oder Ente. Und auch Rotkohl gibt sie eine besondere Note.

Zitronen-Limetten-Marmelade

herrlich erfrischend

Zubereitung: ca. 35 Min. | Ruhen: mind. 2 Std. | Haltbarkeit: ca. 1 Jahr | Bei 8 Gläsern pro Glas: ca. 325 kcal

Für ca. 1,5 kg Marmelade

1,2 kg Bio-Zitronen
4 Bio-Limetten
500 g Gelierzucker 2 : 1 (oder 1 kg Gelierzucker 1 : 1 oder 300 g Gelierzucker 3 : 1)
Mark von 1 Vanilleschote
2 EL Pistazienkerne

1 1 Zitrone und 1 Limette heiß waschen und abtrocknen. Die Schale dünn (ohne das Weiße darunter) abschneiden und in feine Streifen teilen. Von den übrigen Früchten die Schalen so abschneiden, dass auch die weiße Haut mit entfernt wird. Das Fruchtfleisch aus den Trennwänden schneiden und klein würfeln, dabei alle Kerne entfernen.

2 Zitruswürfel und -schalen mit dem Gelierzucker in einem großen hohen Topf verrühren und ca. 2 Std. zugedeckt Saft ziehen lassen, ab und zu umrühren. Anschließend das Vanillemark unter die Zitronen rühren. Die Pistazienkerne mittelfein hacken und untermischen. Die Früchte unter Rühren zum Kochen bringen und offen 4 Min. leicht sprudelnd kochen. Häufig umrühren.

3 Die Gelierprobe machen, siehe Seite 9, Step 3. Die Marmelade abschäumen und in 6–8 vorbereitete Gläser füllen. Diese gleich verschließen und ca. 5 Min. auf den Kopf stellen.

Clementinen-Grapefruit-Marmelade

aromatisch mit leichtem Bitterton

Zubereitung: ca. 35 Min. | Ruhen: mind. 2 Std. | Haltbarkeit: ca. 1 Jahr | Bei 8 Gläsern pro Glas: ca. 305 kcal

Für ca. 1,5 kg Marmelade

2 getrocknete Feigen
800 g Clementinen (geschält gewogen ca. 500 g)
800 g rosa Grapefruits (3–4 Stück, geschält gewogen ca. 500 g)
500 g Gelierzucker 2 : 1 (oder 1 kg Gelierzucker 1 : 1 oder 300 g Gelierzucker 3 : 1)
2 EL Zitronensaft

1 Die Feigen in sehr kleine Würfel schneiden, die harten Stiele dabei entfernen. Von den Clementinen und den Grapefruits die Schale so abschneiden, dass auch die weiße Haut mit entfernt wird. Das Fruchtfleisch zwischen den Trennhäuten herauslösen und alle Kerne entfernen.

2 Das Fruchtfleisch würfeln und mit den Feigen und dem Gelierzucker in einem großen hohen Topf verrühren und ca. 2 Std. zugedeckt Saft ziehen lassen, ab und zu umrühren.

3 Den Zitronensaft untermischen, die Früchte unter Rühren zum Kochen bringen und bei starker bis mittlerer Hitze offen 4 Min. leicht sprudelnd kochen. Häufig umrühren.

4 Die Gelierprobe machen, siehe Seite 9, Step 3. Die Marmelade abschäumen und in 6–8 vorbereitete Gläser füllen. Diese gleich verschließen, ca. 5 Min. auf den Kopf stellen.

Preiselbeer-Orangen-Konfitüre

Herbstliches für viele Gelegenheiten

Zubereitung: ca. 45 Min. | Ruhen: mind. 2 Std. | Haltbarkeit: ca. 1 Jahr | Bei 5 Gläsern pro Glas: ca. 595 kcal

Für ca. 1 kg Konfitüre

750 g Preiselbeeren (oder Cranberries, s. Foto)
600 g Zucker
3 Bio-Orangen
1 Scheibe kandierte Orange nach Belieben
gemahlene Gewürznelken
2 EL Orangenlikör nach Belieben

1 Eine große Schüssel mit kaltem Wasser füllen. Die Preiselbeeren darin durchschwenken. Nicht mehr ganz frische Beeren und Blätter steigen an die Oberfläche. Diese mit einem Schaumlöffel abheben und entfernen.

2 Die Preiselbeeren in ein Sieb abgießen und mit dem Zucker in einem großen hohen Topf verrühren und ca. 2 Std. zugedeckt Saft ziehen lassen, ab und zu umrühren.

3 Dann 2 Orangen heiß waschen und abtrocknen, die Schale fein abreiben und den Saft auspressen. Von der restlichen Orange die Schale so abschneiden, dass auch die weiße Haut mit entfernt wird. Das Fruchtfleisch zwischen den Trennhäutchen herauslösen und in kleine Würfel schneiden. Dabei alle Kerne aussortieren. Die kandierte Orangenscheibe, falls verwendet, in kleine Stücke schneiden.

4 Orangenschale, -saft und Fruchtfleisch, 1 Prise Nelkengewürz, ggf. die kandierten Orangenstücke und den Likör zu den Preiselbeeren geben. Die Früchte unter Rühren zum Kochen bringen und bei mittlerer Hitze offen ca. 15 Min. kochen, bis die Masse dickflüssig wird. Häufig umrühren.

5 Die Gelierprobe machen, siehe Seite 9, Step 3. Die Konfitüre abschäumen und in 4–5 vorbereitete Gläser füllen. Diese gleich verschließen und ca. 5 Min. auf den Kopf stellen.

Clever servieren

Die Preiselbeerkonfitüre ist die ideale Beilage zu **Wild** und anderem Fleisch mit kräftigem Geschmack wie **Ente** oder **Gans,** aber auch zu **Rindersteaks** und **Lammkoteletts.**

Clever zubereiten

Da die würzigen Früchte ohnehin länger garen müssen, kann man diese Konfitüre problemlos mit der relativ geringen Menge von nur 600 g **normalem Zucker** zubereiten. Das in den Beeren reichlich enthaltene Pektin lässt die Fruchtmasse gut gelieren. Und das Aroma der würzigen Beeren bleibt gleichzeitig sehr gut erhalten.

Feigen-Melonen-Konfitüre

nur schwach gesüßt
Zubereitung: ca. 50 Min. | Haltbarkeit: ca. 1 Jahr
Bei 8 Gläsern pro Glas: ca. 175 kcal

Für ca. 1,5 kg Konfitüre

500 g Feigen
1 Stück Honigmelone (ca. 650 g, geputzt gewogen ca. 500 g)
1 Bio-Zitrone
200 g Zucker
Zimtpulver

1 Die Feigen waschen, trocken tupfen und die Stielenden abschneiden. Die Feigen in kleine Würfel schneiden. Die Kerne mitsamt dem faserigen Fruchtfleisch aus dem Melonenstück schaben. Die Melone schälen und ebenfalls klein würfeln. Die Zitrone heiß waschen und abtrocknen. Die Schale fein abreiben, den Saft auspressen.

2 Die Früchte mit dem Zucker, Zitronenschale und -saft in einem großen hohen Topf verrühren. Die Früchte unter Rühren zum Kochen bringen und bei schwacher Hitze offen ca. 25 Min. köcheln, bis die Masse musig wird. Häufig umrühren.

3 Die Gelierprobe machen, siehe Seite 9, Step 3. 1 Prise Zimt unter die Konfitüre rühren und diese in 6–8 vorbereitete Gläser füllen. Diese gleich verschließen und ca. 5 Min. auf den Kopf stellen.

Kastanienkonfitüre mit Rum

mit leicht bitterer Note
Zubereitung: ca. 1 Std. 45 Min. | Haltbarkeit: ca. 1 Jahr
Bei 8 Gläsern pro Glas: ca. 335 kcal

Für ca. 1,5 kg Konfitüre

1 kg Esskastanien (geputzt gewogen ca. 600 g)
2 Zitronen | 1 große Orange
50 ml Rum (ersatzweise Orangensaft)
350 g Gelierzucker 2 : 1 (oder 700 g Gelierzucker 1 : 1 oder 210 g Gelierzucker 3 : 1)
2 EL Kastanienhonig

1 Die Kastanien auf der gewölbten Seite mit einem scharfen Messer über Kreuz einschneiden. In einem Topf mit Wasser bedecken und zum Kochen bringen. Die Kastanien ca. 30 Min. kochen, bis sie weich sind.

2 Die Kastanien kalt abschrecken und die Schalen entfernen. Die braune Haut darunter ebenfalls so gut wie möglich entfernen. Die Zitronen und die Orange auspressen (es soll ca. 1/4 l Saft ergeben). Die Kastanien mit dem Zitrussaft und dem Rum fein pürieren.

3 Das Mus mit dem Gelierzucker in einem großen hohen Topf verrühren und unter Rühren zum Kochen bringen. Unter ständigem Rühren offen 4 Min. leicht kochen. Die Gelierprobe machen, siehe Seite 9, Step 3.

4 Den Honig unterrühren und die Konfitüre in 6–8 vorbereitete Gläser füllen. Diese verschließen, ca. 5 Min. auf den Kopf stellen.

links: Feigen-Melonen-Konfitüre | rechts: Kastanienkonfitüre mit Rum

1

2

3

Melonenkonfitüre
mit Datteln

Oase im Glas

Zubereitung: ca. 45 Min. | Ruhen: mind. 2 Std. | Haltbarkeit: ca. 6 Monate | Bei 4 Gläsern pro Glas: ca. 285 kcal

Für ca. 700 g Konfitüre

100 g Datteln
1 große Bio-Zitrone
1 Stück Wassermelone (ca. 700 g, geputzt gewogen ca. 500 g)
200 g Zucker
2 EL Grappa nach Belieben
15 g Gelierpulver aus Apfelpektin

1 Die Datteln aufschneiden, entsteinen und in dünne Streifen schneiden (**Bild 1**). Die Zitrone heiß waschen und abtrocknen, die Schale fein abreiben, den Saft auspressen. Beides mit den Datteln mischen.

2 Die Melone schälen (**Bild 2**) und in Würfel schneiden, alle Kerne dabei mit der Messerspitze herauslösen (**Bild 3**). Das Melonenfleisch so fein wie möglich hacken und mit dem Zucker und eventuell dem Grappa in einem großen hohen Topf verrühren. Ca. 2 Std. zugedeckt Saft ziehen lassen, ab und zu umrühren.

3 Dann die Datteln untermischen und die Früchte unter Rühren zum Kochen bringen. Das Gelierpulver gründlich unterrühren und alles bei starker bis mittlerer Hitze je nach Packungsangabe offen leicht sprudelnd kochen. Häufig umrühren.

4 Die Gelierprobe machen, siehe Seite 9, Step 3. Die Konfitüre falls nötig abschäumen und in 3–4 vorbereitete Gläser füllen. Diese gleich verschließen und ca. 5 Min. auf den Kopf stellen.

Rhabarberkonfitüre
mit Passionsfrüchten

Früchte-Crossover

Zubereitung: ca. 25 Min. | Ruhen: mind. 2 Std. | Haltbarkeit: ca. 1 Jahr | Bei 8 Gläsern pro Glas: ca. 280 kcal

Für ca. 1,5 kg Konfitüre

850 g Rhabarber (geputzt gewogen ca. 800 g)
4 Passionsfrüchte (Maracuja, ca. 330 g, geputzt gewogen ca. 250 g)
500 g Gelierzucker 2 : 1 (oder 1 kg Gelierzucker 1 : 1 oder 300 g Gelierzucker 3 : 1)
1 Bio-Zitrone
1/2 TL Ras-el-hanout (marokkanische Gewürzmischung; Gewürzladen oder Asienladen)

1 Den Rhabarber waschen, abtrocknen und die Enden abschneiden, falls sich Fäden lösen, diese abziehen. Die Stangen in dünne Scheiben schneiden. Die Passionsfrüchte halbieren und das Fruchtfleisch mit einem Löffel aus den Schalen lösen.

2 Den Rhabarber und die Passionsfrüchte mit dem Zucker in einem großen hohen Topf verrühren und ca. 2 Std. zugedeckt Saft ziehen lassen, ab und zu umrühren.

3 Dann die Zitrone heiß waschen und abtrocknen. Die Schale fein abreiben, den Saft auspressen. Die Schale und 2 EL Saft mit dem Ras-el-hanout zu den Früchten geben. Die Mischung unter Rühren zum Kochen bringen und bei starker bis mittlerer Hitze offen 4 Min. leicht sprudelnd kochen. Häufig umrühren.

4 Die Gelierprobe machen, siehe Seite 9, Step 3. Die Konfitüre abschäumen und in 6–8 vorbereitete Gläser füllen. Diese gleich verschließen und ca. 5 Min. auf den Kopf stellen.

Clever servieren

Die Rhabarberkonfitüre schmeckt sehr gut mit Ricotta und geschlagener Sahne vermischt als **schnelles Dessert.**
Auch fein: Die Konfitüre als **süße Beilage** zu gegrilltem Schweinefleisch oder Lamm reichen.

Clever tauschen

Rhabarber mit seiner angenehmen Säure harmoniert mit vielen Früchten. Versuchen Sie es doch statt mit Maracuja auch einmal mit **Himbeeren, Aprikosen oder Pfirsichen.** Himbeeren im Ganzen mit untermischen. Aprikosen und Pfirsiche entsteinen und in möglichst kleine Würfel schneiden.

Bananenkonfitüre mit Kokosflocken und Rum

wunderbar cremig | *Zubereitung: ca. 30 Min.*
Ruhen: mind. 2 Std. | *Haltbarkeit: ca. 1 Jahr*
Bei 8 Gläsern pro Glas: ca. 425 kcal

Für ca. 1,5 kg Konfitüre

1,4 kg reife Bananen (geschält ca. 1 kg)
2 große Bio-Zitronen | 100 ml weißer Rum
500 g Gelierzucker 2:1 (oder 1 kg Gelierzucker 1:1 oder 300 g Gelierzucker 3:1)
4 EL Kokosflocken | 2 EL Zucker

1 Bananen schälen und mit einer Gabel sehr fein zerdrücken. Zitronen heiß waschen und abtrocknen, die Schale fein abreiben, den Saft auspressen (es sollen ca. 100 ml sein). Bananen mit Rum, Zitronenschale und -saft sowie Gelierzucker in einem großen hohen Topf verrühren, ca. 2 Std. zugedeckt Saft ziehen lassen, ab und zu umrühren.

2 Kokosflocken mit dem Zucker bei mittlerer Hitze unter Rühren erhitzen, bis der Zucker schmilzt und die Kokosflocken goldgelb werden. Beiseite stellen und abkühlen lassen.

3 Die Bananenmischung unter Rühren zum Kochen bringen und offen 4 Min. leicht sprudelnd kochen. Häufig umrühren.

4 Die Gelierprobe machen, siehe Seite 9, Step 3. Die Konfitüre abschäumen, die Kokosflocken unterrühren, das Ganze sofort in 6–8 vorbereitete Gläser füllen. Diese verschließen, ca. 5 Min. auf den Kopf stellen.

Mangokonfitüre mit Limette

besonderes Geschenk | *Zubereitung: ca. 40 Min.*
Ruhen: mind. 2 Std. | *Haltbarkeit: ca. 1 Jahr*
Bei 8 Gläsern pro Glas: ca. 320 kcal

Für ca. 1,5 kg Konfitüre

3–4 reife Mangos (ca. 1,4 kg, geputzt ca. 1 kg)
3 Bio-Limetten | 1/4 rote Chilischote
500 g Gelierzucker 2:1 (oder 1 kg Gelierzucker 1:1 oder 300 g Gelierzucker 3:1)
1/2 TL gemahlener Koriander

1 Die Mangos schälen und das Fruchtfleisch vom Stein abschneiden. Das Mangofleisch sehr fein würfeln oder im Mixer grob pürieren. Die Limetten heiß waschen und abtrocknen, die Schale fein abreiben und den Saft auspressen. Das Chilistück waschen und mit den Kernen sehr fein hacken.

2 Mangos mit Limettenschale und -saft, Chili und dem Gelierzucker in einem großen hohen Topf verrühren, ca. 2 Std. zugedeckt Saft ziehen lassen, ab und zu umrühren.

3 Dann den Koriander untermischen, die Früchte unter Rühren zum Kochen bringen und offen 4 Min. leicht sprudelnd kochen. Häufig umrühren.

4 Die Gelierprobe machen, siehe Seite 9, Step 3. Die Mangokonfitüre abschäumen und in 6–8 vorbereitete Gläser füllen. Diese sofort verschließen und ca. 5 Min. auf den Kopf stellen.

links: Bananenkonfitüre mit Kokosflocken und Rum | rechts: Mangokonfitüre mit Limette

1

2

3

Ananaskonfitüre
mit Ingwer

gelbes Aromawunder | Zubereitung: ca. 40 Min. | Haltbarkeit: ca. 6 Monate | Bei 5 Gläsern pro Glas: ca. 280 kcal

Für ca. 950 g Konfitüre

1 reife süße Ananas (ca. 1 kg, geputzt gewogen ca. 540 g)
1 Stück frischer Ingwer (ca. 10 g)
1 Bio-Zitrone
ca. 150 ml Ananassaft (ersatzweise Orangensaft, am besten frisch gepresst)
250 g Zucker
2 gestr. TL Agar-Agar

1 Von der Ananas den Stielansatz und die grüne Krone abschneiden. Die Ananas aufrecht auf das Küchenbrett stellen und die Schale abschneiden (**Bild 1**). Die braunen Schalenreste, die jetzt noch im Fruchtfleisch stecken, mit der Spitze des Sparschälers oder einem Messer ausstechen (**Bild 2**). Die Ananas vierteln und den harten Strunk aus der Mitte herausschneiden. Das Fruchtfleisch in grobe Stücke schneiden.

2 Die Ananas im Mixer nicht zu fein zerkleinern. Den Ingwer schälen und sehr fein hacken. Die Zitrone heiß waschen und abtrocknen, die Schale fein abreiben und den Saft auspressen (es sollen ca. 50 ml sein). Beides mit dem Ananasfruchtfleisch, Ingwer, Ananassaft (bis auf 4 EL) und dem Zucker mischen. Ingesamt soll die Mischung ca. 1 kg wiegen. Falls nicht, mit etwas mehr Ananassaft auffüllen. In einen ausreichend großen hohen Topf geben und zum Kochen bringen.

3 Das Agar-Agar mit dem übrigen Ananassaft glatt verrühren (**Bild 3**). Gründlich unter die Ananasmischung rühren und alles bei starker bis mittlerer Hitze offen ca. 5 Min. leicht sprudelnd kochen. Häufig umrühren.

4 Die Gelierprobe entfällt bei dieser Konfitüre, da Agar-Agar seine Gelierfähigkeit erst nach dem kompletten Abkühlen – und das auch erst nach einiger Zeit – zeigt.

5 Die Konfitüre in 4–5 vorbereitete Gläser füllen. Diese gleich verschließen und in diesem Fall nicht auf den Kopf stellen. Die Konfitüre ist noch zu flüssig.

Clever variieren

Der **Ingwer** gibt der Konfitüre eine feine Note ohne zu dominieren. Wenn Sie ihn aber gar nicht mögen, lassen Sie ihn einfach ersatzlos weg. Oder aber Sie würzen die Konfitüre mit **kandierten Früchten,** wie etwa Orange oder Mango. Diese einfach sehr klein schneiden und untermischen.

Konfitüre aus Trockenfrüchten

mit viel natürlicher Süße

Zubereitung: ca. 50 Min. | Ruhen: 24 Std. | Haltbarkeit: ca. 6 Monate | Bei 8 Gläsern pro Glas: ca. 255 kcal

Für ca. 1,2 kg Konfitüre

- 1 Bio-Orange
- 1 Bio-Zitrone
- 3/4 l Rhabarber-, Cranberry- oder ungesüßter Apfelsaft
- 2 EL Rum oder Grappa (nach Belieben)
- 500 g ungeschwefelte Trockenfrüchte (Aprikosen, Pflaumen, Feigen oder eine Mischung aus verschiedenen Sorten)
- 10 g Gelierpulver aus Apfelpektin
- Zimtpulver
- 150 ml Apfel- oder Birnendicksaft

1 Die Orange und die Zitrone heiß waschen und abtrocknen. Die Schale fein abreiben und den Saft auspressen. Beides mit dem Saft und nach Belieben dem Rum oder Grappa in einer Schüssel verrühren. Die Trockenfrüchte zugeben und zugedeckt über Nacht quellen und weich werden lassen.

2 Die Trockenfrüchte aus dem Saft nehmen und in möglichst kleine Würfel schneiden. Zusammen mit dem Saft in einen ausreichend großen hohen Topf geben und unter Rühren zum Kochen bringen. Bei mittlerer Hitze offen ca. 10 Min. leicht sprudelnd kochen. Häufig umrühren.

3 Das Gelierpulver mit 1 Prise Zimt einrühren und alles bei starker bis mittlerer Hitze je nach Packungsangabe kochen. Den Apfel- oder Birnendicksaft unterrühren.

4 Die Gelierprobe machen, siehe Seite 9, Step 3. Die Konfitüre abschäumen und in 6–8 vorbereitete Gläser füllen. Diese gleich verschließen und ca. 5 Min. auf den Kopf stellen.

Clever servieren

Diese Konfitüre können Sie auch sehr gut **zum Backen** verwenden, z. B. als Füllung für eine saftige Linzertorte.

GELEES

Mal klar und pur, mal mit kleinen Fruchtstückchen verfeinert – hier kommen Gelees in vielen Varianten so richtig gut zur Geltung. Vom feinsäuerlich aromatischen Johannisbeergelee über klassisches Quittengelee und ein fein duftendes Gelee aus Holunderblüten bis hin zu hocharomatischem Espressogelee und Ingwergelee mit Honig. Einfach köstlich!

AFR
AMERICA
TERRA NOVA
From
The Travel Library of

Johannisbeergelee

heißgeliebter Klassiker | *Zubereitung: ca. 35 Min.* | *Haltbarkeit: ca. 1 Jahr* | *Bei 8 Gläsern pro Glas: ca. 300 kcal*

Für ca. 1,5 kg Gelee

1,3 kg rote Johannisbeeren
500 g Gelierzucker 2 : 1 (oder 1 kg Gelierzucker 1 : 1 oder 300 g Gelierzucker 3 : 1)
2 EL Zitronensaft

1 Die Johannisbeeren waschen und an den Rispen in einen Topf geben. 300 ml Wasser dazugießen und das Ganze zum Kochen bringen. Ca. 5 Min. kochen, bis sich reichlich Saft gebildet hat.

2 Ein Sieb über eine Schüssel hängen und mit einem angefeuchteten sauberen Küchentuch auskleiden. Die Johannisbeeren hineingießen, abtropfen und abkühlen lassen. Das Tuch dann kräftig zusammendrehen und so viel wie möglich Saft auspressen.

3 Den Saft abmessen und eventuell mit Wasser auf 1 l auffüllen. Mit dem Zucker und dem Zitronensaft in einem großen hohen Topf verrühren und zum Kochen bringen. Den Saft bei starker bis mittlerer Hitze offen 4 Min. leicht sprudelnd kochen. Häufig umrühren.

4 Die Gelierprobe machen, siehe Seite 9, Step 3. Das Gelee wenn nötig abschäumen, dann in 6–8 vorbereitete Gläser füllen. Diese gleich verschließen und ca. 5 Min. auf den Kopf stellen.

Clever servieren

Das Gelee schmeckt nicht nur auf Brot und Brötchen, es lässt sich auch hervorragend **zum Abschmecken** einsetzen – z. B. für eine **Salatsauce:** 1 TL Johannisbeergelee mit 1/2 TL mittelscharfem Senf und 2 EL mildem Essig verrühren. Salzen, pfeffern und 4–5 EL Olivenöl unterschlagen. Auch fein: Die Sauce von kräftigem Rinder- oder Wildragout oder auch einmal ein Rotkohlgemüse mit Johannisbeergelee abrunden.

Schwarzes Johannisbeergelee mit Cassis

mit kleinem Schwips

Für ca. 1,5 kg Gelee **1 kg schwarze Johannisbeeren** waschen und abtropfen lassen. Mit **1/4 l Cassis** (schwarzem Johannisbeerlikör) in einem Topf zum Kochen bringen und ca. 5 Min. kochen. In einem mit einem Tuch ausgelegten Sieb abtropfen und abkühlen lassen. Das Tuch dann zusammendrehen, den Saft gründlich auspressen. Ggf. mit Wasser auf 1 l auffüllen und mit **1 Prise gemahlenem Pfeffer** und **500 g Gelierzucker 2:1** (oder 1 kg Gelierzucker 1:1 oder 300 g Gelierzucker 3:1) in einem Topf zum Kochen bringen. Ca. 4 Min. sprudelnd kochen. Die Gelierprobe machen und das fertige Gelee in vorbereitete Gläser füllen. Diese sofort verschließen und ca. 5 Min. auf den Kopf stellen.

Rotes Johannisbeergelee mit Himbeeren

fein-fruchtig

Für ca. 1,5 kg Gelee **1 kg rote Johannisbeeren** waschen und abtropfen lassen. Mit 100 ml Wasser in einem Topf zum Kochen bringen und ca. 5 Min. kochen. In einem mit einem Tuch ausgelegten Sieb abtropfen und abkühlen lassen. Das Tuch dann zusammendrehen und den Saft gründlich auspressen. Ggf. mit Wasser auf 3/4 l auffüllen und mit **250 g verlesenen Himbeeren** und **500 g Gelierzucker 2:1** (oder 1 kg Gelierzucker 1:1 oder 300 g Gelierzucker 3:1) in einem Topf zum Kochen bringen. Ca. 4 Min. sprudelnd kochen. Die Gelierprobe machen und das fertige Gelee in vorbereitete Gläser füllen. Diese sofort verschließen und ca. 5 Min. auf den Kopf stellen.

Weißes Johannisbeergelee mit Zitronenmelisse

fein und edel

Für ca. 1,5 kg Gelee **1,3 kg weiße Johannisbeeren** waschen, abtropfen lassen. In einem Topf mit 300 ml Wasser zum Kochen bringen und ca. 5 Min. kochen. In einem mit einem Tuch ausgelegten Sieb abtropfen und abkühlen lassen. Das Tuch dann zusammendrehen, den Saft gründlich auspressen. Ggf. mit Wasser auf 1 l auffüllen, mit **1 TL abgeriebener Bio-Zitrone** und **500 g Gelierzucker 2:1** (oder 1 kg Gelierzucker 1:1 oder 300 g Gelierzucker 3:1) in einem Topf zum Kochen bringen. Ca. 4 Min. sprudelnd kochen. Die Gelierprobe machen. Gehackte Blättchen von 4 Zweigen **Zitronenmelisse** unterrühren. Das Gelee in vorbereitete Gläser füllen. Diese sofort verschließen und ca. 5 Min. auf den Kopf stellen.

Johannisbeer-Cranberry-Gelee

doppelt fruchtig und schön säuerlich

Für ca. 1,5 kg Gelee **1 kg rote Johannisbeeren** waschen und abtropfen lassen. Mit **1/4 l Cranberrysaft** (gibt es inzwischen auch im Getränkemarkt) in einem Topf zum Kochen bringen und ca. 5 Min. kochen. In einem mit einem Tuch ausgelegten Sieb abtropfen und abkühlen lassen. Tuch dann zusammendrehen und den Saft gründlich auspressen. Ggf. mit Wasser auf 900 ml auffüllen. Mit **100 g getrockneten Cranberries** und **500 g Gelierzucker 2:1** (oder 1 kg Gelierzucker 1:1 oder 300 g Gelierzucker 3:1) in einem Topf zum Kochen bringen. Ca. 4 Min. sprudelnd kochen. Die Gelierprobe machen und das fertige Gelee in vorbereitete Gläser füllen. Diese sofort verschließen und ca. 5 Min. auf den Kopf stellen.

Himbeergelee mit Melisse

mit edlem Aroma | *Zubereitung: ca. 35 Min.* | *Haltbarkeit: ca. 1 Jahr* | *Bei 8 Gläsern pro Glas: ca. 300 kcal*

Für ca. 1,5 kg Gelee

1,2 kg Himbeeren
1 Bio-Zitrone
1/4 Bund Zitronenmelisse
500 g Gelierzucker 2:1 (oder 1 kg Gelierzucker 1:1 oder 300 g Gelierzucker 3:1)

1 Die Himbeeren verlesen, also alle welken Beeren aussortieren. Die Beeren in einen Topf geben. Die Zitrone heiß waschen und abtrocknen, ein ca. 5 cm langes Stück Schale dünn (ohne das Weiße darunter) abschälen. Die Zitronenmelisse kalt abbrausen und trocken schütteln, die Blättchen abzupfen und beiseite legen.

2 Die Melissestiele und die Zitronenschale mit 1/2 l Wasser zu den Himbeeren geben und alles zum Kochen bringen. Ca. 5 Min. kochen, bis sich reichlich Saft gebildet hat.

3 Ein feinmaschiges Sieb über eine Schüssel hängen und die Mischung hineingießen. Die Früchte mit einem Löffel ausdrücken und den Saft in die Schüssel laufen lassen.

4 Den Saft abmessen und eventuell mit Wasser auf 1 l auffüllen. Die Zitronenmelisseblättchen fein hacken, den Zitronensaft auspressen.

5 Den Himbeersaft mit dem Gelierzucker und dem Zitronensaft in einem großen hohen Topf verrühren und zum Kochen bringen. Den Saft bei starker bis mittlerer Hitze offen 4 Min. leicht sprudelnd kochen. Häufig umrühren.

6 Die Gelierprobe machen, siehe Seite 9, Step 3. Das Himbeergelee wenn nötig abschäumen. Die gehackte Melisse unterrühren und das Gelee in 6–8 vorbereitete Gläser füllen. Diese gleich verschließen und ca. 5 Min. auf den Kopf stellen.

Clever variieren

Statt Zitronenmelisse passen auch andere Kräuter gut zum feinen Himbeeraroma. Besonders gut sind **Basilikum** und **Minze,** aber auch **Lavendelblüten** passen ausgezeichnet. Nehmen Sie dafür 4–6 (je nach Größe) gerade aufgeblühte Lavendeldolden und zupfen Sie die einzelnen Blüten vorsichtig von den Stielen ab. Diese ebenfalls erst kurz vor dem Einfüllen unter das Gelee mischen.

Rhabarbergelee mit Erdbeeren

angenehm säuerlich

Zubereitung: ca. 40 Min. | Ruhen: 25 Std. | Haltbarkeit: ca. 1 Jahr | Bei 5 Gläsern pro Glas: ca. 440 kcal

Für ca. 1 kg Gelee

- 1 kg Rhabarber
- 450 g Erdbeeren (geputzt gewogen ca. 400 g; am besten Wald- oder Monatserdbeeren)
- 500 g Gelierzucker 2 : 1 (oder 1 kg Gelierzucker 1 : 1 oder 300 g Gelierzucker 3 : 1)
- 2 EL Zitronensaft

1 Den Rhabarber waschen und die Enden abschneiden. Falls sich dabei Fäden lösen, diese abziehen. Den Rhabarber in ca. 1 cm breite Stücke schneiden und mit 800 ml Wasser in einem Topf zum Kochen bringen. Das Ganze ca. 15 Min. köcheln lassen.

2 Ein Sieb über eine Schüssel hängen und mit einem angefeuchteten sauberen Küchentuch auskleiden. Den Rhabarber hineingießen und den Saft über Nacht abtropfen lassen. Das Tuch dann kräftig zusammendrehen und noch mehr Saft auspressen.

3 Die Erdbeeren vorsichtig kalt abbrausen und abtropfen lassen. Falls nötig, die Stielansätze entfernen. Größere Erdbeeren in Würfel schneiden, Monatserdbeeren halbieren, Walderdbeeren ganz lassen. Die Beeren mit dem Zucker und dem Zitronensaft in einem großen hohen Topf mischen und 1 Std. ziehen lassen.

4 Den Rhabarbersaft abmessen und eventuell mit Wasser auf 600 ml auffüllen. Den Saft zu den Erdbeeren rühren und zum Kochen bringen. Alles bei starker bis mittlerer Hitze offen 4 Min. leicht sprudelnd kochen. Häufig umrühren.

5 Die Gelierprobe machen, siehe Seite 9, Step 3. Das Gelee eventuell abschäumen, dann in 4–5 vorbereitete Gläser füllen. Diese gleich verschließen und ca. 5 Min. auf den Kopf stellen.

Variante – Rhabarber-Granatapfel-Gelee

Den Rhabarbersaft wie beschrieben aus **1,2 kg Rhabarber** und **1 l Wasser** zubereiten. Ausgepresst sollten ca. 3/4 l Rhabarbersaft übrig bleiben. **3–4 Granatäpfel** halbieren und den Saft auspressen. 200 ml davon mit **50 g Grenadine** (Granatapfelsirup), dem Rhabarbersaft und **500 g Gelierzucker 2 : 1** (oder 1 kg Gelierzucker 1 : 1 oder 300 g Gelierzucker 3 : 1) in einem Topf verrühren und zum Kochen bringen. 4 Min. kochen, die Gelierprobe machen und das Gelee durch einen Trichter in Gläser füllen.

Holunderblüten-Zitronen-Gelee

fein aromatisch und edel

Zubereitung: ca. 25 Min. | Ruhen: 2 Tage | Haltbarkeit: ca. 1 Jahr | Bei 8 Gläsern pro Glas: ca. 250 kcal

Für ca. 1,25 kg Gelee

20–30 Holunderblütendolden (je nach Größe der Blüten)
1 kleine Bio-Zitrone
500 g Gelierzucker 2 : 1 (oder 1 kg Gelierzucker 1 : 1 oder 300 g Gelierzucker 3 : 1)

1 Die Holunderblütendolden vorsichtig ausschütteln, um alle Tierchen zu entfernen. Die Dolden in eine verschließbare Schüssel geben. Die Zitrone heiß waschen und abtrocknen, eine Hälfte in dünne Scheiben schneiden und die Kerne dabei aussortieren.

2 Zitronenscheiben zu den Holunderblüten geben, 1 l kaltes Wasser darübergießen. Die Schüssel verschließen, in den Kühlschrank stellen und die Blüten 2 Tage ziehen lassen.

3 Ein Sieb über eine weitere Schüssel hängen und mit einem angefeuchteten sauberen Küchentuch auskleiden. Die Blüten hineingießen und den Saft abtropfen lassen. Das Tuch kräftig zusammendrehen und die Blüten ausdrücken. Die Schale von der übrigen Zitronenhälfte fein abreiben, den Saft auspressen.

4 Das Holunderblütenwasser mit dem Zitronensaft und der -schale mischen, abmessen und eventuell mit Wasser auf 1 l auffüllen. Mit dem Zucker in einem großen hohen Topf verrühren und zum Kochen bringen. Den Saft bei starker bis mittlerer Hitze offen 4 Min. leicht sprudelnd kochen. Häufig umrühren.

5 Die Gelierprobe machen, siehe Seite 9, Step 3. Das Gelee eventuell abschäumen, dann in 6–8 vorbereitete Gläser füllen. Diese gleich verschließen und ca. 5 Min. auf den Kopf stellen.

Clever variieren

Noch hübscher sieht das Gelee aus, wenn Sie ein paar **Holunderblüten** untermischen. Dazu 1–2 frische Blütendolden vorsichtig kalt abspülen und trocken schütteln. Die einzelnen kleinen Blüten abzupfen. Erst nach dem Kochen des Gelees untermischen, dann gleich in die Gläser füllen.

Clever servieren

Am besten schmeckt das duftende Gelee auf **hellem Brot.** Fein ist es auch auf **Knäckebrot,** das Sie statt mit Butter auch mal mit Frischkäse oder Quark bestreichen können.

Quittengelee

Herbstklassiker | *Zubereitung: ca. 1 Std. 15 Min.*
Ruhen: 24 Std. | *Haltbarkeit: ca. 1 Jahr*
Bei 8 Gläsern pro Glas: ca. 340 kcal

Für ca. 1,5 kg Gelee

2 kg Quitten | 1 große Bio-Zitrone
500 g Gelierzucker 2:1 (oder 1 kg Gelierzucker 1:1 oder 300 g Gelierzucker 3:1)
2 EL Quittenschnaps oder -likör (nach Belieben)

1 Quitten mit einem Tuch abreiben, in Stücke schneiden und in einen Topf geben. Zitrone heiß waschen, die Schale dünn abschälen und dazugeben. Gut 1 l Wasser angießen und alles zum Kochen bringen. Die Quitten zugedeckt ca. 45 Min. kochen, bis sie zerfallen. Ein Sieb über eine Schüssel hängen, mit einem sauberen Küchentuch auskleiden. Das Quittenmus darin über Nacht abtropfen lassen. Das Tuch dann leicht zusammendrehen und noch etwas Saft auspressen.

2 Zitrone auspressen, den Saft unter den Quittensaft mischen, diesen ggf. mit Wasser auf 1 l auffüllen. Mit Gelierzucker und eventuell dem Schnaps oder Likör in einem großen hohen Topf verrühren und zum Kochen bringen. Den Saft offen 4 Min. leicht sprudelnd kochen. Häufig umrühren.

3 Die Gelierprobe machen, siehe Seite 9, Step 3. Das Gelee eventuell abschäumen, dann in 6–8 vorbereitete Gläser füllen. Diese verschließen und ca. 5 Min. auf den Kopf stellen.

Apfelgelee

mild und aromatisch | *Zubereitung: ca. 45 Min.*
Ruhen: 24 Std. | *Haltbarkeit: ca. 1 Jahr*
Bei 8 Gläsern pro Glas: ca. 350 kcal

Für ca. 1,5 kg Gelee

2,5 kg säuerliche Äpfel (z. B. Boskoop)
1 Bio-Zitrone | 500 g Gelierzucker 2:1 (oder 1 kg Gelierzucker 1:1 oder 300 g Gelierzucker 3:1) | gemahlene Gewürznelken

1 Äpfel waschen, mit Kerngehäuse achteln, mit 1 l Wasser zum Kochen bringen. Die Äpfel offen bei mittlerer Hitze in ca. 15 Min. weich kochen. Ein Sieb über eine Schüssel hängen und mit einem sauberen Küchentuch auskleiden. Die Früchte hineingießen, den Saft über Nacht abtropfen lassen. Das Tuch dann leicht zusammendrehen und noch etwas mehr Saft auspressen.

2 Zitrone heiß waschen, die Schale fein abreiben, den Saft auspressen. Apfelsaft, Zitronensaft und -schale mischen. Falls nötig, mit Wasser auf 1 l auffüllen. Mit dem Zucker und 1 Prise Nelkenpulver in einem großen hohen Topf verrühren und zum Kochen bringen. Den Saft bei starker bis mittlerer Hitze offen 4 Min. leicht sprudelnd kochen. Häufig umrühren.

3 Die Gelierprobe machen, siehe Seite 9, Step 3. Das Gelee eventuell abschäumen, dann in 6–8 vorbereitete Gläser füllen. Diese verschließen und ca. 5 Min. auf den Kopf stellen.

rechts: Quittengelee | links: Apfelgelee

1

2

3

Apfelkraut

auch zum Süßen gut | *Zubereitung: ca. 2 Std.* | *Haltbarkeit: ca. 1 Jahr* | *Bei 3 Gläsern pro Glas: ca. 215 kcal*

Für ca. 150 g Kraut

2 kg reife aromatische Äpfel (z. B. Topaz oder Gravensteiner)
Zimtpulver (nach Belieben)

1 Die Äpfel waschen und abtrocknen, dann vierteln, schälen und von den Kerngehäusen befreien. Äpfel in Würfel schneiden und in einem Topf mit 1 l Wasser zum Kochen bringen. Die Apfelwürfel offen bei mittlerer Hitze in ca. 15 Min. weich kochen.

2 Ein Sieb über eine Schüssel hängen und mit einem angefeuchteten sauberen Küchentuch auskleiden. Die Früchte hineingießen und etwas abtropfen und abkühlen lassen (**Bild 1**). Dann das Tuch zusammendrehen und den Saft möglichst gründlich auspressen (**Bild 2**).

3 Den Saft – es sind jetzt um die 700 ml – in einen Topf geben und erhitzen. Den Saft offen bei mittlerer Hitze ca. 50 Min. kochen, bis er dunkel und zähflüssig wie Sirup ist (**Bild 3**).

4 Den Sirup nach Belieben mit Zimt abschmecken und in 2–3 vorbereitete Gläser füllen. Diese gleich verschließen und ca. 5 Min. auf den Kopf stellen.

Variante – Birnenkraut

Statt der Äpfel **aromatische Birnen** – z. B. Williams – nehmen. Wie die Äpfel schälen, putzen und klein schneiden. Mit 1 l Wasser kochen und den Saft abpressen. Wie beschrieben einkochen und vor dem Abfüllen mit **1 Prise abgeriebener Bio-Zitronenschale** und eventuell **1 Prise Zimtpulver** abschmecken.

Clever servieren

Apfel- und Birnenkraut schmecken nicht nur als Brotaufstrich, sie eignen sich auch sehr gut zum Süßen von Desserts und anderen süßen Gerichten. Versuchen Sie zum Beispiel einmal einen **Apfelschnee** als Dessert. Dafür 2 Äpfel vierteln, schälen und vom Kerngehäuse befreien. Die Äpfel raspeln und mit 2 EL Zitronensaft in einem Topf zum Kochen bringen. Nach dem Aufkochen auf der abgeschalteten Kochplatte stehen lassen, mit Apfelkraut nach Geschmack süßen. Dann 150 g Sahne steif schlagen und mit 50 g saurer Sahne unter die Apfelraspel heben. In Schälchen verteilen und vor dem Servieren noch ein bisschen Apfelkraut darüberlaufen lassen.

Hagebuttenmus

***sehr aromatisch** | Zubereitung: ca. 1 Std. 45 Min. | Haltbarkeit: ca. 1 Jahr | Bei 8 Gläsern pro Glas: ca. 480 kcal*

Für ca. 1,5 kg Mus

2 kg Hagebutten (selbst gesammelt)
500 g Gelierzucker 2 : 1 (oder 1 kg Gelierzucker 1 : 1 oder 300 g Gelierzucker 3 : 1)
2 EL Zitronensaft

1 Die Hagebutten waschen, Stiel und Blütenansätze entfernen und die Hagebutten in einen Topf geben. Mit 2 l Wasser zum Kochen bringen. Zugedeckt bei schwacher Hitze ca. 45 Min. kochen, bis sie sehr weich sind.

2 Die Hagebutten mit der restlichen Garflüssigkeit portionsweise sehr gründlich durch die flotte Lotte passieren oder im Mixer fein pürieren und das Püree anschließend durch ein Sieb streichen.

3 Das Hagebuttenmark abmessen, es soll ca. 1 kg ergeben, eventuell mit Wasser auffüllen. Das Mark mit dem Gelierzucker und dem Zitronensaft in einem großen hohen Topf verrühren und zum Kochen bringen. Bei starker bis mittlerer Hitze offen 4 Min. leicht sprudelnd kochen, dabei häufig umrühren.

4 Die Gelierprobe machen, siehe Seite 9, Step 3. Das Mus in 6–8 vorbereitete Gläser füllen. Diese gleich verschließen und ca. 5 Min. auf den Kopf stellen.

Clever einkaufen und variieren

Hagebuttenmark selbst herzustellen macht schon etwas Mühe und kostet vor allem viel Zeit. Im Herbst finden Sie auf Wochenmärkten oft ungezuckertes Hagebuttenmark, das Sie ebenso für dieses Mus verwenden können.
In **Schwaben** bereitet man das Mark traditionell übrigens so zu: die Hagebutten aufschneiden und in einem kühlen Raum ca. 5 Tage lagern, bis sie weich werden. Danach mit wenig Wasser verrühren und durch die flotte Lotte passieren. Schließlich wie beschrieben mit dem Gelierzucker kochen.

1

2

3

Espressogelee
mit Schokostückchen

süße Belohnung

Zubereitung: ca. 15 Min. | Ruhen: mind. 4 Std. | Haltbarkeit: ca. 1 Jahr | Bei 8 Gläsern pro Glas: ca. 345 kcal

Für ca. 1,5 kg Gelee

150 g Zartbitter-Schokolade
1 Vanilleschote
1 l frisch gekochter Espresso
1/4 TL Zimtpulver
500 g Gelierzucker 2:1 (oder 1 kg Gelierzucker 1:1 oder 300 g Gelierzucker 3:1)
Saft von 1/2 Zitrone

1 Die Zartbitter-Schokolade mit einem großen Messer in kleine Stücke hacken (**Bild 1**) und mindestens 4 Std. ins Gefrierfach stellen.

2 Dann die Vanilleschote der Länge nach aufschlitzen und das Mark mit dem Messerrücken herausschaben (**Bild 2**).

3 Den Espresso mit dem Vanillemark, dem Zimt, dem Gelierzucker sowie dem Zitronensaft in einem großen hohen Topf verrühren und zum Kochen bringen. Die Mischung bei starker bis mittlerer Hitze offen 4 Min. leicht sprudelnd kochen. Häufig umrühren.

4 Die Gelierprobe machen, siehe Seite 9, Step 3. Das Gelee eventuell abschäumen (**Bild 3**) und ca. 5 Min. leicht abkühlen lassen. Die Schokostücke untermischen und das Gelee sofort in 6–8 vorbereitete Gläser füllen. Diese gleich verschließen und ca. 5 Min. auf den Kopf stellen.

Clever servieren

Besonders gut schmeckt das Gelee auf knusprig **frischen Croissants** oder auch zu **Brioches.**

Clever variieren

Einen noch stärkeren Koffeinkick aufs Brot gewünscht? Dann nehmen Sie statt der Schokolade ein paar **Espressobohnen:** Diese im Mörser grob zerstoßen und mit dem Espresso kochen. Gut schmeckt auch **1 Prise Chili** im Gelee. Ebenfalls fein: **2–3 EL Sambuca** (Anislikör) unter den Espresso mischen.

Ingwergelee mit Honig

mit leichter Schärfe | *Zubereitung: ca. 25 Min.* | *Haltbarkeit: ca. 1 Jahr* | *Bei 4 Gläsern pro Glas: ca. 270 kcal*

Für ca. 700 g Gelee

1 Stück frischer Ingwer (ca. 50 g)
4 Bio-Zitronen
250 g Gelierzucker 2 : 1 (oder 500 g Gelierzucker 1 : 1 oder 150 g Gelierzucker 3 : 1)
3 EL Honig

1 Den Ingwer schälen und erst mit einem Sparschäler in hauchdünne Scheiben, dann in feine Streifen schneiden. 2 Zitronen heiß waschen und abtrocknen, die Schale fein abreiben. Alle Zitronen auspressen.

2 Den Zitronensaft mit Wasser auf 1/2 l auffüllen und in einem Topf mit dem Ingwer, der Zitronenschale sowie dem Gelierzucker mischen und zum Kochen bringen. Alles bei starker bis mittlerer Hitze offen 4 Min. leicht sprudelnd kochen. Häufig umrühren.

3 Die Gelierprobe machen, siehe Seite 9, Step 3. Das Gelee eventuell abschäumen. Dann den Honig unterrühren und das Gelee in 3–4 vorbereitete Gläser füllen. Diese gleich verschließen und ca. 5 Min. auf den Kopf stellen.

Clever servieren

Das Gelee eignet sich außer als Brotaufstrich auch zum **Abschmecken asiatischer Gerichte.**

Weißweingelee mit Nektarinen

fein säuerlich und herrlich aromatisch

Zubereitung: ca. 20 Min. | Haltbarkeit: ca. 1 Jahr | Bei 8 Gläsern pro Glas: ca. 330 kcal

Für ca. 1,5 kg Gelee

2 Nektarinen (ca. 300 g, geputzt gewogen ca. 250 g)
3/4 l aromatischer Weißwein (z. B. Riesling oder Muscadet)
500 g Gelierzucker 2:1 (oder 1 kg Gelierzucker 1:1 oder 300 g Gelierzucker 3:1)
2 EL Zitronensaft

1 Die Nektarinen waschen, halbieren und die Steine herauslösen. Die Nektarinen ungeschält in kleine Würfel schneiden. Den Wein mit den Nektarinenwürfeln, Gelierzucker und Zitronensaft in einem großen hohen Topf verrühren und zum Kochen bringen. Alles bei starker bis mittlerer Hitze offen 4 Min. leicht sprudelnd kochen. Häufig umrühren.

2 Die Gelierprobe machen, siehe Seite 9, Step 3. Das Gelee eventuell abschäumen und in 6–8 vorbereitete Gläser füllen. Diese verschließen, ca. 5 Min. auf den Kopf stellen.

Variante – Campari-Granatapfel-Gelee

4 Granatäpfel halbieren und den Saft auspressen (es soll ca. 1/4 l ergeben). Mit **1/4 l Campari, 1/4 l Wasser** und **375 g Gelierzucker 2:1** in einem Topf mischen und aufkochen. 4 Min. leicht sprudelnd kochen. Die Gelierprobe machen, das Gelee in die vorbereiteten Gläser füllen. Diese verschließen und ca. 5 Min. auf den Kopf stellen.

Apfel-Punsch-Gelee

passst ideal in die Adventszeit

Für ca. 1,5 kg Gelee **1 Zimtstange, 1 Sternanis, 2 Gewürznelken** und **5 Kardamomkapseln** mit **800 ml naturtrübem Apfelsaft** aufkochen und 15 Min. ziehen lassen. Dann alles durch ein Sieb in einen Topf abgießen und den Saft mit **50 ml Zitronensaft** und **150 ml Calvados** (Apfelschnaps) oder naturtrübem Apfelsaft sowie **1 EL Honig** im Topf mischen. **500 g Gelierzucker 2:1** (oder 1 kg Gelierzucker 1:1 oder 300 g Gelierzucker 3:1) dazugeben und alles zum Kochen bringen. Ca. 4 Min. sprudelnd kochen. Die Gelierprobe machen und das fertige Gelee in vorbereitete Gläser füllen. Diese verschließen und ca. 5 Min. auf den Kopf stellen.

Orangengelee mit Feigen

am besten mit weichen Feigen

Für ca. 1,5 kg Gelee **150 g ungeschwefelte getrocknete Feigen** (möglichst weich) vom Stiel befreien und in sehr kleine Würfel schneiden. Nach Belieben mit **2 EL Orangenlikör mischen. 800 ml Orangensaft** mit 4 EL Zitronensaft, den Feigen sowie **500 g Gelierzucker 2:1** (oder 1 kg Gelierzucker 1:1 oder 300 g Gelierzucker 3:1) in einem Topf zum Kochen bringen. Ca. 4 Min. sprudelnd kochen. Die Gelierprobe machen und das fertige Gelee in die vorbereiteten Gläser füllen. Diese verschließen und ca. 5 Min. auf den Kopf stellen.

Rhabarbergelee mit Mohn

Raffiniertes zum Verschenken

Für ca. 1,5 kg Gelee **900 ml Rhabarbersaft** und **100 g gemahlenen Mohn** (in einer speziellen Mühle selber mahlen oder im Naturkostladen mahlen lassen) mit **1 EL Zitronensaft** sowie **500 g Gelierzucker 2:1** (oder 1 kg Gelierzucker 1:1 oder 300 g Gelierzucker 3:1) in einem Topf zum Kochen bringen. Ca. 4 Min. sprudelnd kochen. Die Gelierprobe machen und das fertige Gelee durch einen Trichter in die vorbereiteten Gläser füllen. Diese verschließen und ca. 5 Min. auf den Kopf stellen.

Johannisbeergelee mit Kumquats

exotisch und schön säuerlich

Für ca. 1,5 kg Gelee **200 g Kumquats** waschen, abtrocknen, von den Stielenden befreien und in sehr dünne Scheiben schneiden.
Mit **800 ml rotem oder schwarzem Johannisbeersaft** sowie **500 g Gelierzucker 2:1** (oder 1 kg Gelierzucker 1:1 oder 300 g Gelierzucker 3:1) in einem Topf zum Kochen bringen. Ca. 4 Min. sprudelnd kochen. Die Gelierprobe machen und das fertige Gelee durch einen Trichter in die vorbereiteten Gläser füllen. Diese verschließen und ca. 5 Min. auf den Kopf stellen.

PIKANTES

Nicht nur auf Brot und Brötchen, sondern auch mit Fleisch, Fisch und Käse kommen die Köstlichkeiten in diesem Kapitel wunderbar zur Geltung. Von der senfscharfen Birnensalsa und dem fein gewürzten Zwetschgen-Ketchup bis zum Rhabarber-Chutney und der Zitronenmarmelade mit Basilikum und grünem Pfeffer. Hier darf vielfältig geschlemmt werden!

Birnen-Senf-Salsa

ideal zu Fleisch

Zubereitung: ca. 40 Min. | Ruhen: 1–2 Tage | Haltbarkeit: ca. 6 Monate | Bei 4 Gläsern pro Glas: ca. 225 kcal

Für ca. 500 g Salsa

1 EL gelbe Senfsamen
2 EL gelbes Senfmehl
1/4 l Cidre (oder naturtrüber Apfelsaft)
4 saftige aromatische Birnen (ca. 850 g, geputzt gewogen ca. 650 g)
1 Bio-Zitrone
100 g Zucker
2 EL Apfelessig
Salz

1 Senfsamen und Senfmehl in einer Schüssel mit der Hälfte des Cidres mischen und 1–2 Tage zugedeckt stehen und quellen lassen. Nach 1 Tag ist die Mischung noch milder, nach 2 Tagen gut scharf.

2 Die Birnen waschen und abtrocknen, schälen, vierteln und vom Kerngehäuse befreien. Die Birnen in Schnitze schneiden. Die Zitrone heiß waschen und abtrocknen, die Schale fein abreiben und den Saft auspressen.

3 Die Birnen mit Zucker, dem restlichen Cidre, Zitronensaft und -schale und dem Essig in einem Topf mischen und zum Kochen bringen. Offen bei mittlerer Hitze ca. 20 Min. kochen, bis die Mischung dickflüssig wird. Die Mischung dabei häufig umrühren.

4 Die Senfmischung unterrühren. Die Birnen-Senf-Salsa mit Salz abschmecken und heiß in 3–4 vorbereitete Gläser füllen. Diese gleich verschließen und ca. 5 Min. auf den Kopf stellen.

Clever zubereiten

Sowohl **Senfmehl** als auch die **Samen** entfalten ihre Schärfe erst, wenn sie in Flüssigkeit einige Zeit quellen können. Schlecht für die Schärfe ist allerdings viel Hitze. Deshalb wird die Mischung erst zum Schluss untergerührt und soll nicht mitkochen.

Clever servieren

In Italien werden ähnliche Saucen vor allem zu **Bollito misto** (gemischten gekochten Fleisch- und Wurstsorten) gereicht. Gut schmecken sie aber auch zu **kaltem Braten** (Schweinebraten oder Roastbeef) oder auch zu würzigen **Hartkäsesorten,** z. B. zu Parmesan oder Manchego.

Feigen-Chili-Salsa

zu gegrilltem Lamm, Geflügel und Ofenkäse

Für ca. 500 g Salsa **250 g getrocknete Feigen** in kleine Würfel schneiden. Mit je **1/8 l Cranberrysaft und Roséwein** (ersatzweise ausschließlich 1/4 l Cranberrysaft) mischen und über Nacht ziehen lassen. Dann **2 rote Chilischoten** waschen, vom Stiel befreien, nach Belieben entkernen und fein hacken. **1 Zwiebel** und **2 Knoblauchzehen** schälen und fein würfeln. Mit Chilischote, **100 g Zucker** und **50 ml mildem Essig** zu den Feigen geben und alles zum Kochen bringen. Offen bei schwacher Hitze in ca. 15 Min. musig einkochen. In vorbereitete Gläser füllen. Die Gläser gleich verschließen und ca. 5 Min. auf den Kopf stellen. Hält sich mindestens 2 Monate.

Apfel-Ingwer-Salsa

zu Schweinefleisch, gebratenen Garnelen und Ofenkartoffeln

Für ca. 500 g Salsa **700 g säuerliche Äpfel** vierteln, schälen und von den Kerngehäusen befreien. Die Äpfel in kleine Würfel schneiden. **4 Frühlingszwiebeln** waschen, putzen und mit dem knackigen Grün in feine Ringe schneiden. **1 Stück Ingwer** (ca. 4 cm) schälen und sehr fein hacken. Alles mit der abgeriebenen Schale von **1/2 Bio-Zitrone, 100 g Zucker, 4 EL Apfelessig** und **50 ml Cidre** oder Apfelsaft in einem Topf zum Kochen bringen und offen bei schwacher Hitze in ca. 15 Min. musig einkochen. Mit **1 TL scharfem Currypulver** und **Salz** abschmecken und in vorbereitete Gläser füllen. Die Gläser gleich verschließen und ca. 5 Min. auf den Kopf stellen. Hält sich mindestens 2 Monate.

Quitten-Senf-Salsa

zu würzigem Käse und zu gekochtem Fleisch

Für ca. 500 g Salsa **700 g Quitten** mit einem Tuch abreiben, vierteln und schälen. Das Kerngehäuse herausschneiden (siehe S. 43) und die Quitten in feine Schnitze schneiden. Die Schale von **1 Bio-Zitrone** dünn abschneiden und fein hacken. Den Saft auspressen und alles mit **1/4 l hellem Traubensaft** und **1/4 l trockenem Weißwein** in einem Topf mischen. Das Ganze zum Kochen bringen und offen bei schwacher Hitze in ca. 45 Min. musig garen. Häufig umrühren. **2 EL gelbes Senfmehl** und **1 Prise Zimtpulver** dazugeben und alles mit **Salz** und **Pfeffer** abschmecken. In vorbereitete Gläser füllen. Die Gläser gleich verschließen und ca. 5 Min. auf den Kopf stellen. Hält sich mindestens 2 Monate.

Trauben-Senf-Salsa

zu gekochtem Fleisch und reifem Käse

Für ca. 600 g Sauce **1,2 kg grüne Trauben** waschen, trocken tupfen und von den Stielen zupfen. Die Trauben halbieren, nach Belieben die Kerne mit der Messerspitze herauslösen. **1 Bio-Orange** und **1 Bio-Zitrone** heiß waschen, abtrocknen und die Schale fein abreiben. Mit **1/8 l trockenem Weißwein** und **60 g gelbem Senfmehl** sowie **200 g Zucker** in einem Topf mischen und aufkochen. Die Trauben unterrühren und die Mischung offen bei schwacher Hitze in ca. 45 Min. sämig einkochen. Weitere **2 EL Senfpulver** untermischen und die Salsa in vorbereitete Gläser füllen. Die Gläser gleich verschließen und ca. 5 Min. auf den Kopf stellen. Hält sich mindestens 2 Monate.

Süß-sauer-scharfe Johannisbeersalsa

zu asiatischen Gerichten | *Zubereitung: ca. 50 Min.* | *Haltbarkeit: ca. 1 Jahr* | *Bei 4 Gläsern pro Glas: ca. 250 kcal*

Für ca. 500 g Salsa

500 g rote Johannisbeeren
200 g Zucker
1/4 l Rhabarbersaft (ersatzweise Roséwein oder Wasser)
50 ml Rotweinessig
4 rote Chilischoten
4 Knoblauchzehen
Salz

1 Die Johannisbeeren waschen, trocken tupfen und von den Rispen streifen. Das geht am besten mit einer Gabel. Den Zucker mit dem Saft und dem Essig zum Kochen bringen. Die Johannisbeeren dazugeben und alles offen bei schwacher Hitze ca. 15 Min. köcheln.

2 Die Johannisbeeren abtropfen lassen, die Garflüssigkeit dabei auffangen. Die Johannisbeeren passieren (flotte Lotte) oder durch ein Sieb streichen.

3 Die Chilischoten waschen, entstielen und mit den Kernen sehr fein hacken. Den Knoblauch schälen und fein würfeln. Beides mit dem Johannisbeerpüree und der Garflüssigkeit wieder in den Topf geben und alles offen bei mittlerer Hitze noch ca. 15 Min. garen, bis die Salsa schön dickflüssig ist.

4 Die Salsa mit Salz abschmecken und in 3–4 vorbereitete Gläser (oder Flaschen) füllen. Diese gleich verschließen.

Clever servieren

Die Salsa passt zu allem, das sonst mit süß-saurer Chilisauce serviert wird. Also zu frittierten **Frühlingsrollen** oder Teigtäschchen, **gebratenen Garnelen** oder **Hühnerfleischstreifen.** Ebenfalls fein: **zum Abschmecken** von Suppen und Saucen nehmen.

Clever variieren

Statt Johannisbeeren können Sie für die Salsa auch **Stachelbeeren** nehmen. Diese waschen, trocken tupfen und Stielenden und Blütenansätze abknipsen. Die Beeren halbieren und wie beschrieben in hellem Traubensaft kochen.
Ebenfalls köstlich: **500 g Rhabarber** waschen, trocken tupfen und die Enden abschneiden, falls sich Fäden lösen, diese abziehen. Rhabarber klein würfeln. Mit Zucker, Rhabarbersaft und 50 ml Weißwein- oder Apfelessig kochen wie oben beschrieben. Zusätzlich zu Chilischoten und Knoblauch ca. 2 cm frischen Ingwer schälen, fein hacken und mitgaren.

Zwetschgen-Ketchup

fruchtige Abwandlung des Klassikers | *Zubereitung: ca. 50 Min.* | *Haltbarkeit: ca. 1 Jahr* | *Pro Flasche: ca. 460 kcal*

Für ca. 700 g Ketchup

1 kg Zwetschgen
1 große Zwiebel
2 Knoblauchzehen
1 Stück Ingwer (ca. 2 cm)
1 großer Zweig Salbei
1 EL neutrales Öl
150 ml Apfelessig
75 g brauner Zucker
1 getrocknete mittelgroße Chilischote
je 2 TL schwarze Pfefferkörner, Senfsamen, Pimentkörner und Wacholderbeeren
1 Prise Zimtpulver
Salz

Außerdem:

2 saubere Flaschen à ca. 350 ml Inhalt
Einfülltrichter

1 Die Zwetschgen waschen, abtrocknen, aufschneiden und entsteinen. Die Zwetschgen würfeln. Zwiebel, Knoblauch und den Ingwer schälen und fein würfeln. Den Salbei waschen und trockentupfen, die Blättchen abzupfen und in Streifen schneiden.

2 Das Öl in einem Topf erhitzen. Zwiebel, Knoblauch, Ingwer und Salbei einrühren und bei mittlerer Hitze unter Rühren kurz andünsten. Zwetschgen, Essig und Zucker mit den Gewürzen und der Chili unterrühren. Die Zwetschgenmischung leicht salzen und offen bei schwacher Hitze ca. 30 Min. köcheln, bis die Mischung dickflüssig wird.

3 Die Mischung durch ein Sieb streichen und wieder in den Topf geben. Mit Salz abschmecken. Den Ketchup unter Rühren noch einmal zum Kochen bringen und kochendheiß in die Flaschen füllen. Diese verschließen und den Ketchup abkühlen lassen.

Clever servieren

Der Ketchup schmeckt zu gebratenem und gegrilltem Fleisch und Geflügel, aber auch zu kaltem Braten oder zu geräuchertem Fisch. Außerdem passt er wie der Klassiker aus Tomaten zu Würstchen und Pommes frites.
Noch besser schmeckt er aber zu **frisch gebackenen Kartoffel-Wedges.** Dafür 1 kg festkochende oder vorwiegend festkochende Kartoffeln schälen, waschen und in gut 1 cm dicke Spalten schneiden. Mit 4 EL neutralem Öl und Salz mischen und auf einem mit Backpapier belegten Backblech ausbreiten. Im heißen Ofen bei 200° (Umluft 180°) 25–30 Min. backen, bis sie knusprig und gar sind. Zwischendurch ein- bis zweimal durchrühren.

Mango-Curry-Ketchup

fein zu Asiagerichten

Für ca. 700 g Ketchup **2 reife Mangos** schälen. Das Fruchtfleisch von den Steinen abschneiden und klein würfeln. **300 g Tomaten** waschen, abtrocknen und würfeln. Beides mit **2 gehackten Knoblauchzehen** und **2 TL gehacktem frischem Ingwer, 1 zerrebelten getrockneten Chilischote,** der abgeriebenen **Schale und dem Saft von 2 Bio-Limetten, 200 ml Apfelessig, 75 g Zucker** sowie **2 EL scharfem Madras-Currypulver** erhitzen und offen bei schwacher Hitze ca. 30 Min. kochen. Durch ein Sieb streichen, mit **Salz** abschmecken und in vorbereitete Flaschen füllen.

Scharfer Tomaten-Ketchup

besonders gut zu Brat- und Grillwurst

Für ca. 700 g Ketchup **1 kg sehr reife aromatische Tomaten** kreuzweise einritzen, mit kochendem Wasser überbrühen, kurz ziehen lassen, häuten und würfeln. **2 Schalotten, 2 Knoblauchzehen** und **2 cm frischen Ingwer** schälen und mit **2 gewaschenen Chilischoten** fein würfeln. In **1 EL Öl** andünsten. Die Tomaten mit **200 ml Essig, 80 g braunem Zucker** und **2 Lorbeerblättern** dazugeben. Mit jeweils **1 TL Pfefferkörnern, Koriandersamen und Senfsamen** sowie **etwas Salz** mischen, leicht salzen und in 30–40 Min. dickflüssig einkochen. Durch ein Sieb streichen, mit Salz abschmecken und in vorbereitete Flaschen füllen.

Melonen-Ketchup

asiatisch abgeschmeckt

Für ca. 700 g Ketchup **1 Honigmelone** (geputzt gewogen ca. 900 g) halbieren und entkernen. Großzügig schälen und in 1/2–1 cm große Würfel schneiden. **6 Knoblauchzehen** und **2 cm Ingwer** schälen, **2 Stangen Zitronengras** und **2 Chilischoten** waschen und putzen, die Chilis entkernen. Alles fein würfeln und in **1 EL Öl** andünsten. Das Melonenfleisch mit den Stielen von **1/4 Bund Koriander, 1/8 l Limettensaft** und **90 g Palmzucker** (ersatzweise brauner Zucker) dazugeben und offen bei schwacher bis mittlerer Hitze in 40–50 Min. dickflüssig einkochen, bis die Melone fast zerfallen ist. Durch ein Sieb streichen, die gehackten Korianderblättchen untermischen und den Ketchup mit **Salz** abschmecken. In vorbereitete Flaschen füllen.

Beeren-Ketchup

ideal für alles vom Grill

Für ca. 700 g Ketchup **1 kg Beeren** (z. B. rote Johannisbeeren und Himbeeren) waschen und trocken tupfen. **1 gehackte Schalotte** mit **2 gehackten Knoblauchzehen** in **1 EL Öl** andünsten. Beeren mit den Blättchen von **1/2 Bund Thymian, 2 Lorbeerblättern, 1 TL Wacholderbeeren, 2 Gewürznelken** und **1 Zimtstange** dazugeben. **150 ml Apfel- oder Weißweinessig** und **50 g Zucker** dazugeben, erhitzen, leicht salzen und offen bei schwacher Hitze ca. 30 Min. köcheln. Die Mischung dann durch ein Sieb streichen, mit **Salz** abschmecken und kochendheiß in vorbereitete Flaschen füllen.

11c

Kirsch-Balsamico-Konfitüre

zu Wild, Geflügel und cremigem Käse
Zubereitung: ca. 50 Min. | Ruhen: mind. 2 Std.
Haltbarkeit: ca. 1 Jahr | Bei 5 Gläsern pro Glas: ca. 380 kcal

Für ca. 1 kg Konfitüre

1,2 kg Kirschen (geputzt gewogen ca. 1 kg)
1 Stück Zimtstange (ca. 2 cm)
2 Gewürznelken | 150 ml Aceto balsamico
300 g Zucker | 10 g Gelierpulver aus Apfelpektin

Außerdem:

Kirschentsteiner | Tee-Ei

1 Kirschen waschen, entstielen und entsteinen. Zimt und Nelken in das Tee-Ei füllen. Die Kirschen mit einem großen Messer möglichst fein hacken, mit Essig, Zucker und dem Tee-Ei in einem großen hohen Topf verrühren. Ca. 2 Std. zugedeckt Saft ziehen lassen, ab und zu umrühren.

2 Die Früchte unter Rühren zum Kochen bringen und offen ca. 15 Min. leicht sprudelnd kochen. Häufig umrühren. Das Tee-Ei entfernen. Das Gelierpulver mit wenig Flüssigkeit glatt rühren und unter die Konfitüre geben. Gut verrühren.

3 Die Gelierprobe machen, siehe Seite 9, Step 3. Die Konfitüre eventuell abschäumen, dann in 4–5 vorbereitete Gläser füllen. Diese gleich verschließen und ca. 5 Min. auf den Kopf stellen.

Cranberry-Wacholder-Konfitüre

zu Truthahn und Hähnchen
Zubereitung: ca. 50 Min. | Ruhen: mind. 3 Std.
Haltbarkeit: ca. 1 Jahr | Bei 5 Gläsern pro Glas: ca. 260 kcal

Für ca. 1 kg Konfitüre

600 g Cranberries | 250 g Gelierzucker 2:1 (oder 500 g Gelierzucker 1:1 oder 150 g Gelierzucker 3:1) | 2 Bio-Orangen
1 Bio-Zitrone | 1 TL Wacholderbeeren
1 kleines Stück Chilischote
50 ml trockener Rotwein | 2 EL Ahornsirup

1 Cranberries waschen und abtropfen lassen. In der Küchenmaschine grob zerkleinern. Beeren und Gelierzucker in einem großen hohen Topf verrühren, 3 Std. zugedeckt Saft ziehen lassen, ab und zu umrühren.

2 Dann Orangen und Zitrone heiß waschen und abtrocknen. Schale fein abreiben, den Saft auspressen. Wacholderbeeren und das Chilistück sehr fein hacken. Zitrusschale und -saft mit Wacholderbeeren, Chili und Rotwein zu den Beeren geben. Alles unter Rühren zum Kochen bringen, offen 4 Min. leicht sprudelnd kochen. Häufig umrühren.

3 Die Gelierprobe machen, siehe Seite 9, Step 3. Die Konfitüre eventuell abschäumen und den Ahornsirup unterrühren. Die Konfitüre in 4–5 vorbereitete Gläser füllen. Diese gleich verschließen und ca. 5 Min. auf den Kopf stellen.

links: Kirsch-Balsamico-Konfitüre | rechts: Cranberry-Wacholder-Konfitüre

Zwetschgenkonfitüre mit Orientgewürzen

zu Lamm und cremigem Käse

Zubereitung: ca. 50 Min. | Ruhen: mind. 2 Std. | Haltbarkeit: ca. 1 Jahr | Bei 5 Gläsern pro Glas: ca. 340 kcal

Für ca. 1 kg Konfitüre

1,2 kg Zwetschgen (geputzt gewogen ca. 1 kg)
300 g Zucker | 4 EL Zitronensaft oder Apfelessig
1 Stück frischer Ingwer (ca. 1 cm)
1 Kardamomkapsel
1 Gewürznelke
1 TL schwarze Pfefferkörner
je 1 kräftige Prise Zimtpulver, geriebene Muskatnuss und rosenscharfes Paprikapulver
1 TL Agar-Agar oder Gelierpulver aus Apfelpektin

Außerdem:

Mörser

Clever tauschen

Statt die Gewürze selber zu mischen, können Sie zum Abschmecken der Konfitüre auch **Ras-el-hanout** nehmen. Diese marokkanische Gewürzmischung ist aus noch mehr unterschiedlichen scharfen, aromatischen und süßen Gewürzen gemischt. Sie bekommen sie in Gewürzläden und Asienläden.

1 Die Zwetschgen waschen, trocken tupfen, entsteinen und sehr klein würfeln. Mit dem Zucker und dem Zitronensaft oder Essig in einem großen hohen Topf verrühren und ca. 2 Std. zugedeckt Saft ziehen lassen, ab und zu umrühren.

2 Die Früchte unter Rühren zum Kochen bringen und bei starker bis mittlerer Hitze offen ca. 15 Min. leicht sprudelnd kochen. Häufig umrühren.

3 Inzwischen den Ingwer schälen und durch die Knoblauchpresse drücken. Die Kardamomkapsel aufbrechen und die Samen herauslösen. Mit der Gewürznelke und den Pfefferkörnern im Mörser so fein wie möglich zerstoßen.

4 Gewürze und Ingwer unter die Zwetschgen rühren. Das Agar-Agar unterrühren und alles weitere 5 Min. kochen. Alternativ das Gelierpulver unterrühren und nach Packungsangabe 1–3 Min. weiterkochen.

5 Bei Verwendung von Gelierpulver aus Apfelpektin die Gelierprobe machen, siehe Seite 9, Step 3. Bei Verwendung von Agar-Agar ist die Gelierprobe nicht möglich, da die Konfitüre erst nach dem kompletten Abkühlen fest wird.

6 Die Zwetschgenkonfitüre abschäumen und in 4–5 vorbereitete Gläser füllen. Diese gleich verschließen und ca. 5 Min. auf den Kopf stellen (Konfitüre mit Agar-Agar nicht auf den Kopf stellen).

Tomatenkonfitüre mit Chili und Basilikum

süß-scharf abgeschmeckt | Zubereitung: ca. 30 Min.
Ruhen: mind. 2 Std. | Haltbarkeit: ca. 6 Monate
Bei 5 Gläsern pro Glas: ca. 275 kcal

Für 1,3 kg Konfitüre

1 kg vollreife Tomaten
2 rote Chilischoten | 1 Bund Basilikum
Schalenabrieb und Saft von 1 Bio-Zitrone
300 g Zucker
10 g Gelierpulver aus Apfelpektin

1 Die Tomaten waschen und ohne Stielansätze klein würfeln. Chilis waschen, ohne Stiele, aber mit Kernen sehr fein schneiden. Basilikumblättchen abzupfen und die Hälfte fein hacken.

2 Tomaten mit Chili, gehacktem Basilikum, Zitronenschale und -saft sowie Zucker in einem Topf mischen, ca. 2 Std. ruhen lassen. Zwischendurch ab und zu umrühren.

3 Die Mischung zum Kochen bringen. Das Gelierpulver unterrühren und die Konfitüre offen je nach Packungsangabe sprudelnd kochen. Die Gelierprobe machen, siehe Seite 9, Step 3. Die übrigen Basilikumblätter in feine Streifen schneiden.

4 Die Konfitüre abschäumen und das restliche Basilikum untermischen. Die Tomatenkonfitüre in 4–5 vorbereitete Gläser füllen. Diese verschließen und ca. 5 Min. auf den Kopf stellen.

Aprikosen-Tomaten-Konfitüre mit Koriander

auch zu kaltem Fleisch fein | Zubereitung: ca. 40 Min.
Ruhen: mind. 2 Std. | Haltbarkeit: ca. 1 Jahr
Bei 8 Gläsern pro Glas: ca. 275 kcal

Für ca. 1,5 kg Konfitüre

700 g vollreife Tomaten | 400 g Aprikosen
500 g Gelierzucker 2 : 1
je 1 TL Koriandersamen, gelbe Senfkörner und schwarze Pfefferkörner
Schalenabrieb und Saft von 1 Bio-Zitrone
1/2 EL Thymianblättchen | Salz

Außerdem: Mörser

1 Tomaten ohne Stielansatz mit kochendem Wasser überbrühen, kurz ziehen lassen und häuten. Aprikosen waschen und entsteinen. Tomaten und Aprikosen klein würfeln, mit dem Gelierzucker in einem großen hohen Topf verrühren und ca. 2 Std. zugedeckt Saft ziehen lassen, ab und zu umrühren.

2 Koriander-, Senf- und Pfefferkörner in einer trockenen Pfanne kurz rösten, bis sie duften, und im Mörser sehr fein zerstoßen. Mit Zitronenschale und -saft, Thymian und etwas Salz zur Tomatenmischung geben.

3 Alles aufkochen und offen 4 Min. leicht sprudelnd kochen. Häufig umrühren. Die Gelierprobe machen, siehe Seite 9, Step 3. Konfitüre in 6–8 Gläser füllen. Diese verschließen, ca. 5 Min. auf den Kopf stellen.

unten: Tomatenkonfitüre mit Chili und Basilikum | oben: Aprikosen-Tomaten-Konfitüre mit Koriander

Orangen-Oliven-Konfitüre

italienisch inspiriert | *Zubereitung: ca. 1 Std.* | *Haltbarkeit: ca. 1 Jahr* | *Bei 5 Gläsern pro Glas: ca. 395 kcal*

Für ca. 1 kg Konfitüre

- 500 g fleischige grüne Oliven (geputzt gewogen 400 g)
- 2 Bio-Orangen
- 1 Bio-Zitrone (es wird nur 1 Hälfte benötigt)
- 4 Zweige Thymian
- 1 TL schwarze Pfefferkörner
- 1/4 l Weißwein oder Wasser
- 300 g Zucker

Außerdem:

- Mörser

1 Das Olivenfleisch von den Steinen schneiden und fein hacken. 1 Orange und die Zitrone heiß waschen und abtrocknen, die Zitrone halbieren. Die Schale der Orange und der Zitronenhälfte fein abreiben und Orange und Zitronenhälfte auspressen. Von der zweiten Orange die Schale so abschneiden, dass die weiße Haut mit entfernt wird. Das Orangenfleisch zwischen den Trennhäuten herausschneiden und würfeln. Dabei alle Kerne entfernen.

2 Den Thymian waschen und trocken schütteln, die Blättchen von den Stielen streifen. Die Pfefferkörner im Mörser mittelgrob zerdrücken.

3 Das Olivenfleisch mit Zitrusschale und -saft, Orangenwürfeln, Thymian, Pfeffer, Wein und dem Zucker in einem Topf mischen und zum Kochen bringen.

4 Die Mischung offen bei mittlerer Hitze 20–25 Min. kochen, bis sie dickflüssig wird, dabei gelegentlich umrühren. Die Gelierprobe machen, siehe Seite 9, Step 3.

5 Die Konfitüre abschäumen und in 4–5 vorbereitete Gläser füllen. Diese gleich verschließen und ca. 5 Min. auf den Kopf stellen.

Clever servieren

Die Olivenkonfitüre schmeckt sehr gut zu **Käse,** z. B. zu Manchego oder Pecorino, aber auch zu roh geräuchertem **Schinken** oder **Salami.**

Zitronenmarmelade mit Basilikum und grünem Pfeffer

wunderbar fruchtig und aromatisch

Zubereitung: ca. 30 Min. | Ruhen: mind. 2 Std. | Haltbarkeit: ca. 1 Jahr | Bei 4 Gläsern pro Glas: ca. 235 kcal

Für ca. 500 g Marmelade

- 600 g Bio-Zitronen (ca. 4 Stück; geputzt gewogen ca. 260 g)
- 200 g Zucker
- 1 großes Bund Basilikum
- 1 TL grüne Pfefferkörner (frisch von der Rispe oder eingelegt aus dem Glas)
- 1 gestr. TL Agar-Agar
- 2 EL Limoncello oder Orangenlikör oder Wasser

1 1 Zitrone heiß waschen und abtrocknen. Die Schale dünn (ohne das Weiße darunter) abschneiden und in feine Streifen schneiden. Dann von den übrigen Früchten die Schalen so abschneiden, dass auch die weiße Haut mit entfernt wird. Das Fruchtfleisch aus den Trennhäuten schneiden und klein würfeln, dabei alle Kerne entfernen.

2 Die Zitronenwürfel und die -schale mit dem Zucker in einem Topf verrühren und ca. 2 Std. zugedeckt Saft ziehen lassen, ab und zu umrühren.

3 Das Basilikum kalt waschen und trocken schütteln. Die Blättchen von den Stielen zupfen und fein hacken. Die Pfefferkörner in einem kleinen Sieb kalt abbrausen, abtropfen lassen und fein hacken. Das Agar-Agar mit dem Limoncello, Likör oder Wasser glatt verrühren.

4 Pfeffer und Agar-Agar unter die Zitronen mischen und das Ganze unter Rühren zum Kochen bringen. Alles bei mittlerer Hitze offen 5 Min. leicht sprudelnd kochen. Häufig umrühren.

5 Die Gelierprobe entfällt bei dieser Konfitüre, da Agar-Agar seine Gelierfähigkeit erst nach dem kompletten Abkühlen – und das auch erst nach einiger Zeit – zeigt.

6 Das Basilikum untermischen und die Marmelade in 3–4 vorbereitete Gläser füllen. Diese gleich verschließen und abkühlen lassen.

Clever servieren

Diese fruchtig-frische Marmelade schmeckt auf kräftigen Brotsorten, etwa **dunklem Bauernbrot,** sehr gut. Versuchen Sie als Unterlage auch einmal Frischkäse statt Butter auf dem Brot.
Ebenfalls fein: Die Marmelade zu **geräuchertem Fisch** wie beispielsweise hauchdünn geschnittenem Lachs servieren.

Kürbis-Salbei-Konfitüre

herbstlich und aromatisch

Zubereitung: ca. 35 Min. | Haltbarkeit: ca. 6 Monate | Bei 4 Gläsern pro Glas: ca. 350 kcal

Für 1 kg Konfitüre

1 Stück Muskat- oder Butternut-Kürbis (ca. 1,2 kg, geputzt gewogen ca. 800 g)
1 Bio-Orange
1 Bio-Zitrone
1 Stück frischer Ingwer (ca. 1 cm)
2 Zweige Salbei
2 EL Kürbiskerne
1 1/2 TL Agar-Agar
100 ml trockener Weißwein (oder Apfelsaft)
250 g Zucker
1 kräftige Prise frisch geriebene Muskatnuss

1 Aus dem Kürbis die Kerne mitsamt dem faserigen Fruchtfleisch mit einem Löffel entfernen. Den Kürbis schälen und grob raspeln.

2 Die Orange und die Zitrone heiß waschen und abtrocknen, die Schale fein abreiben und den Saft auspressen. Den Ingwer schälen und sehr fein hacken. Den Salbei waschen und trocken schütteln, die Blättchen abzupfen und in feine Streifen schneiden.

3 Die Kürbiskerne in einer trockenen Pfanne bei mittlerer Hitze unter Rühren ca. 1 Min. rösten. Etwas abkühlen lassen und grob hacken.

4 Das Agar-Agar mit 3–4 EL Wein gründlich verrühren. Den Kürbis mit Zitrusschale und -saft, Ingwer, Salbei, dem restlichen Wein und dem Zucker zum Kochen bringen.

5 Agar-Agar untermischen und alles unter Rühren zum Kochen bringen. Bei mittlerer Hitze offen 5 Min. leicht sprudelnd kochen. Häufig umrühren.

6 Die Gelierprobe entfällt bei dieser Konfitüre, da Agar-Agar seine Gelierfähigkeit erst nach dem kompletten Abkühlen – und das auch erst nach einiger Zeit – zeigt.

7 Kürbiskerne untermischen, die Konfitüre mit dem Muskat abschmecken und in 4–6 vorbereitete Gläser füllen. Diese gleich verschließen und ca. 5 Min. auf den Kopf stellen.

Clever tauschen

Statt mit Agar-Agar können Sie diese Konfitüre auch mit **Gelierpulver aus Apfelpektin** zubereiten. Sie brauchen ca. 15 g davon. Verwenden Sie das Gelierpulver nach Packungsangabe, die unterschiedlichen Sorten werden unterschiedlich eingesetzt.

Clever servieren

Die gemüsestarke Konfitüre passt sehr gut zu **kaltem Rindfleisch,** etwa Roastbeef, aber auch zu **Schinken** oder **Bratwurst.** Ebenfalls fein: zu **kräftigen Käsesorten** wie Edelpilzkäse oder Taleggio.

Süßweingelee mit Pfeffer

besonders gut zu Blauschimmelkäse

Zubereitung: ca. 10 Min. | Haltbarkeit: ca. 1 Jahr | Bei 2 Gläsern pro Glas: ca. 95 kcal

Für ca. 230 g Gelee

1/2 TL schwarze Pfefferkörner
1/4 l Süßwein
1 EL Honig
2 TL Zitronensaft
8 g Gelierpulver aus Apfelpektin

Außerdem:

Mörser

1 Die Pfefferkörner im Mörser grob zerdrücken oder mit einem großen schweren Messer hacken.

2 Den Süßwein mit dem Honig und dem Zitronensaft zum Kochen bringen, den Pfeffer untermischen. Das Gelierpulver einrühren und je nach Packungsangabe 1–3 Min. sprudelnd kochen.

3 Die Gelierprobe machen: 1 TL Gelee auf einen kleinen kühlen Teller geben. Wird das Gelee nach ca. 1 Min. fest, ist es ausreichend gekocht.

4 Das Gelee eventuell abschäumen, dann in 1–2 vorbereitete Gläser füllen. Diese gleich verschließen und ca. 5 Min. auf den Kopf stellen.

Variante – Vin-santo-Gelee mit Rosmarin

Wenn es Sie geschmacklich eher nach Italien zieht, bereiten Sie das Gelee mit Vin santo, dem italienischen Dessertweinklassiker, und Rosmarin zu: **1 Zweig Rosmarin** kalt abspülen und trockentupfen. Die Nadeln abzupfen und fein hacken. **1/4 l trockenen Vin santo** mit **2 EL Honig,** dem Rosmarin und 1 kleinen Stück (ca. 1 cm) fein gehackter **Bio-Zitronenschale** zum Kochen bringen. **10 g Gelierpulver aus Apfelpektin** einrühren und je nach Packungsangabe 1–3 Min. sprudelnd kochen. Die Gelierprobe machen. Das Gelee sofort in die vorbereiteten Gläser füllen, gleich verschließen und für ca. 5 Min. auf den Kopf stellen.

1
2
3

Tomatenchutney mit Kokos und grünem Pfeffer

sanft und von zarter Konsistenz

Zubereitung: ca. 25 Min. | Garen: 35–40 Min. | Haltbarkeit: ca. 6 Monate | Bei 5 Gläsern pro Glas: ca. 235 kcal

Für ca. 1 kg Chutney

900 g Tomaten
2 EL grüne Pfefferkörner (frisch von der Rispe gestreift oder aus dem Glas)
2 Zwiebeln
2 Knoblauchzehen
1 Stück Ingwer (ca. 2 cm)
1 EL neutrales Öl
100 g Kokosflocken
100 g Zucker
1/8 l Apfelessig
Salz

1 Aus den Tomaten den Stielansatz herausschneiden. Die Tomaten kreuzweise einritzen, mit kochendem Wasser überbrühen, kurz ziehen lassen und häuten (**Bild 1**). Die Tomaten würfeln. Die Pfefferkörner in einem kleinen Sieb kalt abspülen und grob hacken (**Bild 2**).

2 Die Zwiebeln schälen, vierteln und in feine Streifen schneiden. Den Knoblauch und den Ingwer schälen und fein würfeln.

3 Das Öl im Topf erhitzen. Zwiebeln, Knoblauch und Ingwer mit den Kokosflocken darin andünsten (**Bild 3**). Tomaten mit Pfeffer, Zucker und Essig dazugeben und leicht salzen.

4 Das Tomatenchutney offen bei schwacher bis mittlerer Hitze 35–40 Min. köcheln, bis es dickflüssig ist. Dabei häufig umrühren.

5 Das Chutney mit Salz abschmecken und in 4–5 vorbereitete Gläser füllen. Diese gleich verschließen und ca. 5 Min. auf den Kopf stellen.

Clever tauschen

Statt Tomaten können Sie auch **rote Paprika, Zucchini** oder **Melone** auf diese Art zu einem Chutney verarbeiten.

Clever servieren

Chutneys werden vor allem **in Indien** gerne gegessen und stehen zum Nachwürzen und Verfeinern fast immer mit auf dem Tisch. Besonders gut passen sie **zu allen Vorspeisen,** z. B. in Kichererbsenteig ausgebackenem Gemüse oder Teigtaschen mit verschiedenen Füllungen. Aber auch **zu Curries** – vor allem scharf abgeschmeckten – sind die süßlichen Saucen immer eine wunderbare Ergänzung.

Rhabarber-Chutney

fruchtig-frisch | *Zubereitung: ca. 40 Min.* | *Ruhen: 1 Std.*
Haltbarkeit: ca. 1 Jahr | *Bei 5 Gläsern pro Glas: ca. 285 kcal*

Für ca. 1 kg Chutney

750 g Rhabarber (geputzt gewogen ca. 700 g)
1 Stange Lauch | 2 Knoblauchzehen
1 Stück frischer Ingwer (ca. 3 cm)
2 rote Chilischoten | 100 g getrocknete Feigen
2 TL Koriandersamen | 250 g Zucker
1/8 l Apfel- oder Weißweinessig | Salz

Außerdem: Mörser

1 Den Rhabarber waschen, die Enden abschneiden, ggf. Fäden abziehen. Die Stangen in ca. 1 cm breite Stücke schneiden. Vom Lauch dunkelgrüne und welke Blätter sowie das Wurzelende abschneiden. Die Stange längs aufschlitzen, gründlich waschen und in feine Streifen schneiden.

2 Knoblauch und Ingwer schälen und fein würfeln. Chilis waschen und ohne Stiele, aber mit den Kernen fein schneiden. Die Feigen ohne harte Stiele klein würfeln. Koriandersamen im Mörser leicht andrücken.

3 Die vorbereiteten Zutaten mit Zucker, Essig und ca. 1/2 EL Salz in einem Topf mischen, ca. 1 Std. Saft ziehen lassen. Dann die Mischung unter Rühren aufkochen, offen ca. 15 Min. leise kochen lassen, bis sie dickflüssig ist. Zwischendurch häufig umrühren.

4 Das Chutney abschmecken, in 4–5 vorbereitete Gläser füllen und diese verschließen.

Mango-Chutney

mit feiner Stachelbeer-Säure | *Zubereitung: ca. 40 Min.*
Haltbarkeit: ca. 1 Jahr | *Bei 5 Gläsern pro Glas: ca. 170 kcal*

Für ca. 800 g Chutney

2 Mangos (ca. 600 g, geputzt gewogen ca. 450 g) | 250 g Stachelbeeren
4 getrocknete Chilischoten | 2 TL gelbe Senfkörner | 4 Knoblauchzehen | 1 EL Öl
1 TL gemahlene Kurkuma | 100 ml Apfelessig
100 g Zucker | Salz

Außerdem: Mörser

1 Die Mangos schälen, das Fruchtfleisch vom Stein schneiden und klein würfeln. Die Stachelbeeren waschen, Stiele und Blütenansätze abknipsen. Die Beeren halbieren.

2 Chilis und Senfkörner in einer trockenen Pfanne bei mittlerer Hitze unter Rühren ca. 1 Min. rösten, im Mörser feinstmöglich zerdrücken. Knoblauch schälen, fein würfeln. In einem Topf im Öl die zerdrückten Gewürze und Kurkuma bei schwacher Hitze unter Rühren ca. 1 Min. andünsten. Den Knoblauch kurz mitdünsten.

3 Den Essig, 100 ml Wasser und den Zucker zufügen, alles zum Kochen bringen. Mangowürfel, Beeren und ca. 2 TL Salz dazugeben. Das Chutney offen bei schwacher bis mittlerer Hitze ca. 15 Min. garen, bis es dickflüssig ist. Zwischendurch häufig umrühren.

4 Das Chutney abschmecken, in 4–5 vorbereitete Gläser füllen und diese verschließen.

oben: Rhabarber-Chutney | unten: Mango-Chutney

Ananas-Dattel-Relish

zu Fleisch und Fisch ideal

Zubereitung: ca. 1 Std. 30 Min. | Haltbarkeit: ca. 6 Monate | Bei 5 Gläsern pro Glas: ca. 370 kcal

Für ca. 1 kg Relish

1 Ananas (ca. 1 kg, geputzt gewogen ca. 550 g)
200 g Datteln
1 rote Zwiebel
1 Bio-Zitrone
1 rosa Grapefruit
200 g Zucker
200 ml milder heller Essig
je 2 TL Currypulver und gelbes Senfmehl
1 Prise Zimtpulver
Salz

1 Von der Ananas den Stielansatz und die grüne Krone abschneiden. Die Ananas auf ein Küchenbrett stellen und die Schale Streifen für Streifen abschneiden. Die braunen Schalenreste, die jetzt noch im Fruchtfleisch stecken, mit der Spitze des Sparschälers oder einem Messer ausstechen. Die Ananas vierteln und den harten Strunk aus der Mitte herausschneiden. Die Ananas in kleine Würfel schneiden.

2 Datteln aufschneiden, entsteinen und in Streifen schneiden. Zwiebel schälen, sehr fein würfeln. Zitrone heiß waschen und abtrocknen. Schale fein abreiben. Zitrone und Grapefruit auspressen. In einem Topf Zucker mit Essig, Zitronen- und Grapefruitsaft, Zitrusschale, Gewürzen und 2 TL Salz erhitzen. Ananas und Zwiebeln zugeben. Die Mischung offen ca. 40 Min. köcheln, bis sie dickflüssig wird.

3 Datteln untermischen, das Relish mit Salz abschmecken und in 4–5 vorbereitete Gläser füllen. Diese gleich verschließen und das Relish abkühlen lassen.

Apfel-Gurken-Relish

mild-würzig | *Zubereitung: ca. 1 Std. 15 Min.* | *Haltbarkeit: ca. 6 Monate* | *Bei 5 Gläsern pro Glas: ca. 240 kcal*

Für ca. 1 kg Relish

1 Salatgurke (ca. 400 g)
2 säuerliche Äpfel (ca. 400 g, geputzt gewogen ca. 350 g)
2 EL Zitronensaft
250 g Schalotten
1 getrocknete Chilischote
1 TL Dillsamen
1 TL Koriandersamen
200 g Zucker | 200 ml Apfelessig | 4 EL Calvados (oder Weinbrand; nach Belieben)
Salz

Außerdem:

Mörser

1 Die Gurke schälen, abtrocknen und der Länge nach halbieren. Die Kerne mit einem Teelöffel aus den Hälften herausschaben, die Gurkenhälften klein würfeln. Die Äpfel vierteln, schälen und von den Kerngehäusen befreien. Die Äpfel in kleine Würfel schneiden und mit dem Zitronensaft mischen. Die Schalotten schälen und sehr fein würfeln.

2 Die Chilischote im Mörser mit den Dillsamen und dem Koriander leicht andrücken. Die Gewürze mit der Gurke, den Äpfeln und den Schalotten in einen Topf geben. Zucker, Essig und nach Belieben den Calvados dazugeben und alles mit ca. 2 TL Salz würzen.

3 Die Mischung offen bei schwacher bis mittlerer Hitze ca. 40 Min. köcheln, bis sie dickflüssig wird. Das Relish eventuell noch mit etwas Salz abschmecken. Sofort in 4–5 vorbereitete Gläser füllen. Diese gleich verschließen und das Relish abkühlen lassen.

Rotwein-Honig-Zwiebeln

einfach zu machen | *Zubereitung: ca. 35 Min.* | *Haltbarkeit: ca. 6 Monate* | *Pro Glas: ca. 650 kcal*

Für ca. 750 g Zwiebeln

1/2 l trockener Rotwein
200 g Zucker
500 g rote Zwiebeln
2 getrocknete Chilischoten
8 Zweige Thymian
2 Salbeiblättchen
1 EL Honig | Salz

1 Den Rotwein mit dem Zucker in einem Topf zum Kochen bringen und offen bei mittlerer Hitze ca. 15 Min. kochen, bis die Flüssigkeit leicht dickflüssig wird.

2 Inzwischen die Zwiebeln schälen, halbieren und in dünne Streifen schneiden. Die Chilischoten fein zerkrümeln. Thymian und Salbei waschen und trocken schütteln, die Blättchen abstreifen bzw. abzupfen. Die Salbeiblätter in feine Streifen schneiden.

3 Zwiebeln, Chili, Thymian und Salbei zum Rotwein geben und alles weitere 12–15 Min. kochen, bis die Mischung dickflüssig wird und kompakt aussieht. Den Honig untermischen und die Zwiebeln mit Salz abschmecken.

4 Die Mischung in 2 vorbereitete Gläser füllen. Diese gleich verschließen und die Zwiebeln abkühlen lassen.

Clever servieren

Die Zwiebeln schmecken am besten zu **deftigen Fleischgerichten,** z. B. Schweinebraten, Schweinekoteletts oder gebratenem Geflügel. Aber auch zu **Bratwürsten,** am besten vom Schwein, sind sie eine perfekte Ergänzung.

Variante – Sherry-Schalotten

1/4 l trockenen Sherry und **1/4 l Wasser** mit dem Zucker einkochen. **500 g Schalotten** schälen und in dünne Scheiben schneiden. Mit den Chilischoten und dem Thymian im Sherrysud kochen. Mit der abgeriebenen **Schale von 1 Bio-Orange** und eventuell **1 EL Orangenlikör** sowie **Ahornsirup** statt Honig abschmecken und in die Gläser füllen.

Orangen-Koriander-Sauce

besonders gut zu gebratenem oder gegrilltem Geflügel und Lamm

Für ca. 70 g (2 Personen) **2 TL Koriandersamen** in einer kleinen Pfanne bei mittlerer Hitze unter Rühren 1–2 Min. rösten, bis sie würzig duften. In einem Mörser fein zerdrücken. **1 Bio-Zitrone** heiß waschen, abtrocknen und halbieren, die Schale einer Hälfte fein abreiben und den Saft auspressen. Den Zitronensaft mit **1 EL gelbem Senfpulver** verrühren. Den Koriander, die Zitronenschale und **50 g Orangenmarmelade** untermischen und mit **1 Prise Salz** abschmecken.

Erdbeer-Pfeffer-Sauce

fein zu Ofenkäse und zu Meeresfrüchten

Für ca. 75 g (2 Personen) **50 ml Aceto balsamico** mit **1 EL Zucker** in einem kleinen Topf bei mittlerer Hitze auf etwa die Hälfte einkochen. **2 TL grüne Pfefferkörner** (frisch von der Rispe oder aus dem Glas) abspülen und fein hacken. **4 Zweige Basilikum** kalt abbrausen und trocken schütteln. Blättchen abzupfen und fein hacken. Balsamico, Pfeffer und Basilikum mit **1 TL abgeriebener Bio-Zitronenschale** unter **50 g Erdbeerkonfitüre** rühren und mit **1 Prise Salz** abschmecken.

Quitten-Kümmel-Sauce

besonders gut zu Schweinebraten oder -koteletts

Für ca. 60 g (2 Personen) **2 TL Kümmelkörner** in einer Pfanne bei mittlerer Hitze unter Rühren ca. 1 Min. rösten. In einem Mörser leicht zerdrücken. **50 g Quittengelee** mit **1 EL Orangensaft** bei schwacher Hitze erwärmen und leicht flüssig werden lassen. Den Kümmel, **1 TL frisch geriebenen Meerrettich** und **1 Prise Salz** unterrühren. Warm oder kalt zum Fleisch reichen.

Kirsch-Wacholder-Sauce

ideale Beilage zu Wild

Für ca. 70 g (2 Personen) **1 TL Wacholderbeeren** mit **1 kleinen Stück frischem geschältem Ingwer** (ca. 1/2 cm) so fein wie möglich hacken. **50 g Kirschkonfitüre** mit Wacholder, Ingwer, **1 TL grob gemahlenen Pfefferkörnern, 1 EL Rotweinessig oder Aceto balsamico** sowie **1 TL flüssigem Honig** verrühren und mit **1 Prise Salz** abschmecken.

Clever tauschen

Statt Kirschkonfitüre können Sie auch gut **Zwetschgenmus** oder **Quittenkonfitüre** als Grundlage nehmen. Quittenkonfitüre aber mit Weißwein- oder Apfelessig verrühren.

G

H

I

J

K

L

M

N

O

P

Q

R

S

Unsere Garantie

Mit dem Kauf dieses Buches haben Sie sich für ein Qualitätsprodukt entschieden. Wir haben alle Informationen in diesem Ratgeber sorgfältig und gewissenhaft geprüft. Sollte Ihnen dennoch ein Fehler auffallen, bitten wir Sie, uns das Buch mit dem entsprechenden Hinweis zurückzusenden. Gerne tauschen wir Ihnen den GU-Ratgeber gegen einen anderen zum gleichen oder zu einem ähnlichen Thema um.

Liebe Leserin und lieber Leser,

wir freuen uns, dass Sie sich für ein GU-Buch entschieden haben. Mit Ihrem Kauf setzen Sie auf die Qualität, Kompetenz und Aktualität unserer Ratgeber. Dafür sagen wir Danke! Wir wollen als führender Ratgeberverlag noch besser werden. Daher ist uns Ihre Meinung wichtig. Bitte senden Sie uns Ihre Anregungen, Ihre Kritik oder Ihr Lob zu unseren Büchern. Haben Sie Fragen oder benötigen Sie weiteren Rat zum Thema? Wir freuen uns auf Ihre Nachricht!

GRÄFE UND UNZER VERLAG
Leserservice
Postfach 86 03 13
81630 München

Wir sind für Sie da!
Montag–Donnerstag: 8.00–18.00 Uhr
Freitag: 8.00–16.00 Uhr
Tel.: 0800/723 73 33
Fax: 0800/501 20 54
(kostenfreie Servicenummern)
E-Mail: leserservice@graefe-und-unzer.de

Neugierig auf GU?
Jetzt die GU-Newsletter abonnieren.

Wollen Sie noch mehr Aktuelles von GU erfahren, dann abonnieren Sie unseren kostenlosen GU-Online-Newsletter. Hier ganz einfach anmelden: www.gu.de/anmeldung

GRÄFE UND UNZER

Ein Unternehmen der
GANSKE VERLAGSGRUPPE

Appetit auf mehr?

ISBN 978-3-8338-0687-2

ISBN 978-3-8338-0689-6

ISBN 978-3-8338-0827-2

ISBN 978-3-8338-2260-5

ISBN 978-3-8338-2710-5

ISBN 978-3-8338-2711-2

Alle hier vorgestellten Bücher sind auch als eBook erhältlich.

Mehr von GU auf www.gu.de und
facebook.com/gu.verlag

GU

Willkommen im Leben.

Die Autorin

Cornelia Schinharl hat ihre Liebe zu den kulinarischen Genüssen zum Beruf gemacht. Seit vielen Jahren bringt sie ihren Erfahrungsschatz als freie Food-Journalistin und Kochbuchautorin zu Papier und hat dafür schon mehrere Auszeichnungen bekommen, unter anderem Silbermedaillen der Gastronomischen Akademie und zwei World Cookbook Awards. Ihr besonderes Interesse gilt der modernen unkomplizierten Küche. Für dieses Buch hat sie einfache und dabei raffinierte Marmeladen, Konfitüren und Gelees entwickelt.

Die Fotografin

Jana Liebenstein begann ihre Karriere als Fotografin in Australien, mittlerweile ist sie viel herumgekommen und nach einigen arbeitsreichen Jahren in Deutschland wieder in ihre Wahlheimat zurückgekehrt. Sie lebt und arbeitet in Melbourne. Ihr Schwerpunkt liegt im Bereich Food, aber auch für People und Travel hat sie ein geschultes Auge. Dabei kommt in jedem Motiv ihr ganz persönlicher Stil zum Ausdruck.
Ein besonderes Dankeschön geht an die Stylistin **Lisa La Barbera** und an **Potier** (www.potier.com.au) für das Ausleihen wunderschöner Requisiten.

Syndication: www.jalag-syndication.de

Projektleitung:
Alessandra Redies

Lektorat:
Claudia Lenz, Essen

Korrektorat:
Susanne Elbert

Innenlayout, Typografie und Umschlaggestaltung:
independent Medien-Design,
Horst Moser, München

Satz:
Knipping Werbung GmbH, Berg am Starnberger See

Herstellung:
Petra Roth

Reproduktion:
Longo AG, Bozen

Druck und Bindung:
Printer, Trento

ISBN 978-3-8338-3290-1
2. Auflage 2013

www.facebook.com/gu.verlag

GRÄFE UND UNZER

Ein Unternehmen der
GANSKE VERLAGSGRUPPE